법고창신의 선비 리더십

법고창신의 선비 리더십

발행일   2016년 7월 20일

지은이   김 진 수
펴낸이   손 형 국
펴낸곳   (주)북랩
편집인   선일영   편집   김향인, 권유선, 김예지, 김송이
디자인   이현수, 신혜림, 윤미리내, 임혜수   제작   박기성, 황동현, 구성우
마케팅   김회란, 박진관, 김아름
출판등록 2004. 12. 1(제2012-000051호)
주소   서울시 금천구 가산디지털 1로 168, 우림라이온스밸리 B동 B113, 114호
홈페이지   www.book.co.kr
전화번호   (02)2026-5777   팩스   (02)2026-5747

ISBN   979-11-5987-109-2 03320(종이책)   979-11-5987-110-8 05320(전자책)

이 도서의 국립중앙도서관 출판예정도서목록(CIP)은 서지정보유통지원시스템 홈페이지(http://seoji.nl.go.kr)와
국가자료공동목록시스템(http://www.nl.go.kr/kolisnet)에서 이용하실 수 있습니다.
(CIP제어번호 : CIP2016017160)

성공한 사람들은 예외없이 기개가 남다르다고 합니다.
어려움에도 꺾이지 않았던 당신의 의기를 책에 담아보지 않으시렵니까?
책으로 펴내고 싶은 원고를 메일(book@book.co.kr)로 보내주세요.
성공출판의 파트너 북랩이 함께하겠습니다.

선비 리더십 5

법고창신의 선비 리더십

전통 선비정신에서 찾는
한국형 리더십의 새로운 해법 특강!

김진수 지음

북랩 book Lab

머리말

세계가 탐내는 '선비 리더십'으로 정신혁명을 일으키자!

'선비'라고 하는 단어는 한자가 없는 순수한 우리나라 말입니다.

이 단어에는 멋이 있습니다. 향기가 납니다. 기개가 있고, 기백이 있고, 기상이 있고, 기품이 있습니다. '선비'가 지닌 정신은 '선비정신'입니다. '선비'는 '몸'이고 '선비정신'은 '얼'입니다. '얼'은 순수한 우리말이고 한자어로는 '혼(魂)'이고 종교적 표현으로는 '영혼'입니다.

'선비정신'은 개인 삶의 생활실천 정신인 동시에 공동체의 리더가 반드시 체득해야 하는 지도자 정신입니다.

지도자에게는 지도력이 필요합니다.

오늘날 지도력을 우리는 '리더십'이라고 말하고 있습니다.

필자는 1960년부터 2010년까지 과거 50여 년 동안 우리나라에서 발간된 리더십 관련 문헌 180여 권을 수집하여 분석한 적이 있습니다. 표지에 '리더십'이라는 단어가 들어있는 관련 서적을 무작위로 골라서 정독해 보았습니다. 놀랍게도 '리더십' 관련 문헌의 내용은 거의 전부가 외국으로부터 들어온 '수입품'이었습니다. 과문한 탓이기도 하겠지만 '국산품'은 찾아볼 수 없었습니다.

한국형 전통 리더십은 정말 존재하지 않는 것인가? 의문을 가졌습니다.

의문을 해결하기 위해 수많은 문헌을 뒤졌습니다. 동양학, 서양학, 한국학, 종교학, 인문학, 인간학에 집중하여 독자적이지만 치열하게 연구했습니다. 이렇게 하여 '선비 리더십'이라는 한국형 리더십이 탄생했습니다.

'선비 리더십'은 우리나라에서 오랫동안 한국인에 내재되어 면면히 흘러왔으므로 한국인의 얼과 혼으로 DNA화되어 있다고 생각합니다. 그러나 오늘날 우리 사회에서 '선비정신'은 박제화되어 잊혀진 것도 사실입니다. 한국인은 우리의 DNA를 일깨워 '선비정신'을 부활시키고 한국 고유의 위대한 '선비 리더십'을 계승해야 한다고 생각합니다.

한국형 '선비 리더십'은 오늘날 세계의 지성인이 주목하고 있는 위대한 가치입니다. 미국의 아이비리그 대학들(예일, 하버드, 프린스턴 등)이 세계에 존재하는 '참된 정신'을 찾으려는 노력 끝에 드디어 찾아낸 지구촌에서 가장 본질적이고 보편적인 공동체 가치입니다.

인간의 공동체는 '참된 정신'의 '참된 가치'를 공유할 때 평안, 평등, 평화를 지속적으로 유지할 수 있습니다. '선비 리더십'은 한반도에서 태어

나서 미대륙의 대서양 연안에 있는 아이비리그 대학의 인문학자들에
의해 지구촌 인류가 계승해야 할 보편적 가치로 평가되었습니다. 이제
우리 한국인은 '선비 리더십'을 시대정신에 맞게 새롭게 갈고 닦아 더욱
빛내야 한다고 생각합니다.

　오늘날 우리 사회에 수많은 갈등과 문제들이 분출하여 우리 국민이
고통 받고 있는 이유는 진정한 리더십의 부재에 원인이 있다고 생각합
니다. 우리 사회에 걸맞은 진정한 리더십의 부재는 우리가 우리의 전통
문화 속에 간직하고 있는 '선비정신'의 '참된 가치'를 이어가지 못하고,
'수입형' 리더십으로 우리나라의 인적자원을 반세기 이상 교육시킨 결
과라고 생각합니다.

　'수입형' 리더십에서도 배울 점은 많이 있습니다. 문제는 우리의 얼,
우리의 체질, 우리의 문화를 너무 등한시하여 한국인의 위대한 정체성
이 상실되어 버린 것입니다.

　'선비 리더십'은 홍익인간 이념을 바탕으로 정립된 '선비정신'의 지도력
입니다. 세상을 좌지우지하는 것은 물적자원도 아니고 재적자원도 아
닙니다. 인적자원입니다. 인적자원의 중심에 '선비정신'이 있습니다.

　동양에서 20세기에 선진국의 대열에 유일하게 진입한 이웃 나라 일
본의 사례를 살펴보면 '선비 리더십'의 가치를 새삼 확인할 수 있습니다.

　일본은 '메이지 유신'이 있기 전 '에도막부' 260여 년 동안 평화를 만
끽하면서 자국의 문화 수준을 한껏 높일 수 있는 태평시대를 보냈습
니다.

　조선에서 수입해 간 '조선실천성리학'을 통치관학으로 삼아 우리의

'선비정신'을 철저하게 배우고 그것을 체득하여 '사무라이' 무사도를 확립할 수 있는 계기를 만들었습니다. 그 이전의 일본인 '사무라이'들에게는 무사도가 없었습니다. '사무라이'의 무사도를 확립하기 이전의 일본인 사무라이들은 단순한 '싸울아비'에 불과했던 것입니다.

임진왜란이 끝난 뒤 조선왕조는 12회(1603-1867)에 걸친 '조선통신사'를 파견하여 '선비정신'을 일본의 통치기관인 '에도막부(쇼군이 지배하는 무사정권)'에 전파했습니다. 퇴계 이황 선생의 '경(敬) 철학'은 일본 지식인들에게 하늘에서 내린 정신적 단비가 됐습니다.

'조선통신사'는 일본 '에도막부'의 끈질긴 요청에 의해 조선왕조가 이웃 국가를 위해 내린 선린우호외교사절의 성공적인 사례입니다. '조선통신사'는 침략과 전쟁을 일삼는 일본에 평화와 화합, 배려와 상생의 정신을 전수해주고, 조선이 이룩한 학문과 문화 그리고 조선이 확립한 철학 가치와 교육의 위대함을 일본인들에게 몸소 실천으로 보여줬습니다.

그 후 일본에서는 '에도막부'가 붕괴되고 '메이지유신'이 성공합니다. '메이지 정부'의 외교관 니토베 이나조는 한국의 '선비정신'에 일본식 옷을 입혀 '사무라이' 정신을 기리는 책을 썼습니다. 즉, 『무사도』라는 문헌을 만들어 서양에 수출했던 것입니다. 당시에 일본은 서양에 수출할 수 있는 변변한 상품이 거의 없었습니다. 일본은 상품 수출보다 정신 수출을 먼저 시작한 나라입니다.

그는 이 책에서 충효, 신의, 예절, 청렴, 검약, 용기, 지조, 기개 등의 '선비정신'을 '사무라이' 정신의 규율로 소개합니다. 이웃 나라인 한국의 오래된 고유 사상과 문화를 수입하여 마치 그것이 자기 나라에서 비롯된 것처럼 서술하면서 연유와 출처를 밝히지 않은 것은 엄격히 말해 비양심적 표절행위임이 분명합니다. 하지만 이 책은 나오자마자 미국은 물론 유럽에서도 베스트셀러가 됩니다.

1899년 미국에서 영어로 출간한 『Bushido: The soul of Japan』는 하루아침에 일본을 야만국가에서 문명국가로 인식을 바꾸어 놓았습니다. 『Bushido』의 저자인 니토베 이나조는 미국과 독일에 유학한 후 국제연맹 사무차장을 역임한 지식인으로 미국 여성과 결혼한 일본인 교육가이자 외교관입니다.

16세기 말 일본은 임진왜란(1592~1598) 때 군사 편제에 '피로인부'를 따로 두어 조선의 지식인, 기술인, 양반집 어린이들을 싹쓸이하다시피 끌고 갔습니다.

일본은 조선도공의 기술로 세계 최고의 도자기 수출 국가로 변신했고, 조선의 '선비정신'과 퇴계의 '경 철학'을 배워 수준 높은 '사무라이' 무사도를 확립했습니다. 그리고 그것을 서양에 자신의 것으로 알리는 데 앞장섰습니다. 야만국가의 인식을 떨쳐버리고 문화국가로 부상한 일본은 20세기 초에 국가 이미지를 일신하여 지구촌 리딩 국가로 변모했습니다. 그것은 '선비정신'의 일본화에 성공했기 때문입니다.

2011년 12월 5일, 한국은 세계에서 9번째로 연간 물질의 교역량이 1조 달러를 돌파하여 세계 9위권의 무역대국이 됐습니다. 교역물량 1조 달러 중에서 5천5백억 달러는 수출금액이고 4천5백억 달러는 수입금액입니다. 수출금액이 수입금액보다 1천억 달러나 더 많습니다. 한국상품이 지구촌 어느 곳에서나 환영받고 일류상품으로 인정받고 있다는 증거입니다.

세계인이 눈을 뜨면 켜는 스마트폰, 텔레비전, 컴퓨터는 한국제입니다. 지구촌의 가정마다 있는 냉장고와 세탁기도 한국제입니다. 지구촌 어느 나라의 도시나 도로에서도 한국제 자동차가 달리고 있습니다. 지구촌의 넓은 바다 오대양에 떠 있는 선박의 약 40%는 한국의 조선소에서 건조한 선박입니다.

이렇게 물질부문에서 한국은 기적과 같은 발전을 하였습니다. 하지만 정신부문은 어떠할까요? 한국은 철학, 사상, 이념, 학문, 가치, 문화, 교육 등을 외국으로부터 수입하고 있습니다. 조선시대에 우리가 외국으로 수출했던 정신부문을 우리는 현대사회에서 수입하고 있는 것입니다. 우리나라는 정신부문에서 가장 앞서 있던 국가에서 가장 뒤처진 국가로 전락해버린 것입니다.

선진국들을 보면 물질부문의 수출이 수입보다 당연히 앞서 있지만, 그에 못지않게 정신부문의 수출도 수입보다 앞서 있다는 사실에 우리는 주목해야 할 것입니다. 물질부문만 앞서있다는 것은 정신부문이 취약하다는 증거입니다. 물질부문과 정신부문은 균형과 조화를 이뤄야 합니다. 선진국들은 물질부문과 정신부문이 모두 함께 조화를 이루고 있습니다.

프랑스는 '노블레스 오블리주'라는 명예와 의무정신을 지구촌에 수출합니다.

영국은 '젠틀맨십'이라는 신사도정신을 지구촌에 수출합니다.

미국은 '프런티어십'이라는 개척과 도전정신을 전 세계에 수출합니다. 일본은 '사무라이'라는 무사도정신을 전 세계에 수출합니다.

정신부문이 강력하지 못하면 물질부문의 발전은 오래가지 못합니다. 우리나라는 쇠약해지고 뒤처진 정신부문을 추슬러서 세계시장을 향해 우뚝 일어선 물질부문을 강력하게 뒷받침해야 합니다.

정신부문의 핵심은 그 나라의 국민정신입니다. 한국인의 정체성이 낳은 우리나라의 국민정신은 무엇입니까? 우리나라의 국민정신은 '선비정신'입니다. '선비정신'은 한국인의 개인생활실천정신인 동시에 지도자의 공동체를 위한 지도력정신입니다. 즉 개인의 삶과 공동체의 삶에 필요한 '리더십'입니다. '선비정신'은 한국의 국민정신이고 한국의 지도자정신입니다.

그런데 한국에는 지금 지도자다운 지도자를 찾기가 어렵습니다. 올바른 지도력을 가진 훌륭한 지도자가 부족합니다. 그럼에도 불구하고 다행한 것은 한국인은 매우 총명하여 한국의 인적자원은 지구촌에서 그 어느 민족이나 그 어느 국가보다 뛰어나다는 사실입니다. 지도자다운 지도자를 배출하면 한국은 세계 최고 수준의 문화융성국가로 비약할 수 있습니다.

문제는 올바른 '리더십'을 가르치는 교육이 부실하다는 데 있습니다. '인성교육'과 '융합교육' 부재에 문제의 핵심이 있습니다.

'인성교육'과 '융합교육'은 '선비정신' 교육의 두 기둥입니다. 인간의 내면에 있는 순수한 양심의 빛을 환하게 밝혀 자기통제와 자기지배를 할 수 있는 '자립적 인재'를 만드는 교육이 '인성교육'입니다. 자연과학적 탐구로 사물의 본성을 밑바닥까지 궁리하여 본질적 이치를 밝혀내고 지식기반과 기술기반의 확충을 꾀하여 '협업적 인재'를 길러내는 교육이 '융합교육'입니다.

사람은 스스로 자기통제를 할 줄 알고 스스로 자기지배를 할 줄 알아야만 자기 자신의 주인이 될 수 있으며 공동체에 꼭 필요한 인재가 될 수 있습니다. 사람은 대상에 대한 깊은 궁리로 사물의 본질을 철저하게 규명하여 사물의 앎이 과학적으로 분명하고 정확해야만 지식기반과 기술기반 사회를 만들어 협업할 수 있는 인재가 될 수 있습니다.

한 사람의 인간이 환하게 밝아지면 주위 사람들이 환하게 밝아지고 주위 사람들이 환하게 밝아지면 우리 사회는 환하게 밝은 빛이 충만한 '신뢰사회'가 될 수 있습니다.

오늘날 우리나라 교육은 다음과 같은 현실적 문제점에 봉착하고 있습니다.

첫째는 전통적 가정교육이 사라지고 없습니다. 우리나라 젊은 층의 가정을 보면 거의 대부분이 핵가족화하여 맞벌이 부부가 대부분입니다. 부모의 유아에 대한 가정교육이 거의 사라지고 없습니다. 3살 버릇 여든 살까지 간다는 격언처럼 유아시기에 사람의 기본적인 인성이 형성됩니다. 따라서 유아교육의 중요성은 아무리 강조해도 부족합니다. 그런데도 오늘날 우리 사회는 한창 정신적 성장기에 있는 6세 미만의 유아와 12세 미만의 어린이에 대한 가정교육이 거의 없어졌습니다. 우리 민족의 오랜 전통적 교육장이었던 조부모 및 부모의 가정교육, 밥상머리 교육이 사라진 것입니다. 유대인과 일본인 사회에서는 아직도 가정교육, 밥상머리 교육이 이어지고 있는 것과 대비됩니다.

사회의 변화는 시대적 제도를 낳습니다. 오늘날 부모 대신에 실질적으로 유아교육과 어린이 교육을 담당하고 있는 교육기관은 1세부터 6세까지의 유아를 담당하는 어린이집과 유치원이 있습니다. 그리고 7세부터 12세까지의 어린이를 가르치는 초등학교가 있습니다. 어린이집 및 유치원의 커리큘럼은 부모를 대신하여 우리나라 미래사회의 주인공이 될 인재의 기본을 육성한다는 책임감으로 훌륭한 교안을 준비하고 실천해야 합니다. 어린이집의 보육교사와 유치원의 어린이 교사 그리고 생활교육의 기초를 가르치는 초등학교 교사는 인격과 자질 면에서 최고 수준이 확보돼야 합니다.

둘째는 학교 교육의 교육과정을 새롭게 가꾸어야 합니다. 학교 교육의 대부분이 수입된 커리큘럼과 '위인지학(자신을 위한 공부가 아니라 대응적 학습으로 오로지 타인에게 보여주어 출세와 공명만을 겨냥하는 외면적 공부)'의 교육과정에 편재되어 있습니다. 인간의 참된 가치와 '위기지학(자아완성 및 인격을 도야하는 학습을 하여 세상을 널리 이롭게 하는데 필요한 자질과 역량을 배양하고 공동체에 꼭 필요한 인재가 되려는 내면적 공부)'의 교육에 관한 콘텐츠가 거의 없습니다. 사람이라면 누구나 꼭 알아야 할 인간성에 대한 교육과 우리나라가 전통적으로 이루어 놓은 찬란한 학문과 지식, 범지구적 참된 가치의 공동체문화, 실사구시 정신과 법고창신 사상, 만물의 본성과 이치를 탐구하는 자연과학적 기초학습에 대한 체계적 교육이 너무나 부족합니다.

흔히 한국을 산업화와 민주화를 50여 년 만에 동시에 일궈낸 신흥

경제강국이라고 얘기합니다. 한국인뿐만 아니라 외국인도 그렇게 인식하고 있습니다. 그러나 한국은 50여 년의 역사를 가지고 있는 신생국가가 아닙니다. 한국은 5천여 년이 넘는 장구한 역사를 가지고 있습니다. 고대사회에서 황하문명보다 1,500~2,000여 년이나 앞서 세계 문명사에 길이 빛나고 있는 '요하문명(홍산문화)'을 탄생시킨 유서 깊은 문화국가입니다.

15세기(세종대왕·문종 시대)에는 세계 최초로 지식기반 문화사회를 일구었습니다. 중요 산업이었던 농업 관련 과학기술은 세계 최고 수준이었습니다. 당시 조선의 관개수로 기술과 천연유기농법은 1907년 조선, 중국, 일본을 장기간 여행한 미국의 농업경제학자 프랭클린 킹 박사에 의해 서구가 배워야 할 영구적 농업기법으로 평가되었습니다. 그는 아주 작은 땅이라도 적절한 관개수로를 갖추어 이용하고 생활폐기물을 하나도 버리지 않으며 유기농법으로 작업하는 조선의 농사작법이 사려 깊은 과학적 농법임을 확인하고 깊은 감명을 받았다고 기록합니다. 그가 감명을 크게 받은 시스템은 천연비료공급체계입니다. 조선의 농법에서는 버려지는 모든 생활폐기물이 농업순환주기에 따라 완벽하게 재생처리되었던 것입니다.

사람과 가축의 배설물, 벼 타작 후에 나오는 볏짚과 지푸라기 그리고 채소 찌꺼기와 아궁이에서 나오는 재까지 모두 모아서 적절한 기간의 발효퇴비처리를 하여 논밭으로 되돌려 보내며 천연비료 순환공급을 하고 있는 조선농업의 장점을 미국은 배워야 한다고 말합니다.(1910년부터 1945년까지 한반도에 엄습한 일본의 강점통치는 근대화 이전에 존재했던 조선의 모든 기술에 대하여 부정적 평가를 하고 일본식 근대화 잣대로 조선의 전통·유기농법을 폐기시킨다.)

18세기(영조·정조대왕 시대)에 조선은 세계 최고의 르네상스 문화국가로 우뚝 섰습니다. 이 시대 100여 년 동안은 생활 수준이 영국과 중국을 능가하는 세계 1등 국가로 위용을 떨쳤습니다. 신라 천 년과 고려 오백 년 그리고 조선 오백 년은 민본주의와 '선비정신'의 보편적 가치로 우리가 귀감으로 삼아야 할 훌륭한 정책과 민주적 제도가 많았습니다.

우리나라 역사에는 우리가 배우고 새롭게 갈고 닦아야 할 고귀한 콘텐츠가 무궁무진 살아 있습니다. 우리나라 교육과정에서 일상의 행실, 품성, 도덕을 가르치는 '인성교육'과 자연과학적 상상력과 창의력을 증강시키는 '융합교육'은 반드시 필요합니다. '인성교육'과 '융합교육'은 모든 교육의 근원이 되는 뿌리교육입니다. '인성교육'과 '융합교육'의 목적은 공동체를 위한 공동선을 창조하는 데에 있기 때문입니다.

셋째는 우리 사회에 필요한 조직체 어른과 공동체 어른들로부터의 솔선수범교육이 사라졌습니다. 우리 사회 공동체인 조직과 마을에서는 어디에서나 어른다운 어른들이 함께 자리했습니다. 잘한 일은 칭찬해 주고 잘못한 일은 올바르게 고쳐주며 스스로 모범이 되어 솔선수범하는 어른들이 함께 있었습니다. 어린이, 청소년, 청년들이 잘 모르는 점은 어른다운 어른들의 지혜와 경륜으로 금방 깨닫게 해줄 수 있었습니다.

지금은 어른다운 어른들이 사라지고 없습니다. 어른들이 예순 살만 넘어도 사회공동체에 발붙이지 못하고 쫓겨나거나 스스로 비켜서야 합니다. 경험과 경륜과 지혜를 가지고 있는 그들이 갈 곳은 아무 데도 없습니다. 단순히 나이가 들었다는 이유로 아무것도 하지 못하고 비켜서서 사회적 짐으로만 살아가야 합니다.

한국은 이미 저성장 사회에 접어들었으며 또 고령화 사회에 접어들었습니다. 초저성장과 초고령화 사회의 진입도 눈앞에 두고 있습니다. 우리는 고성장시대에 가졌던 '경쟁문화'를 이제 저성장시대에 걸맞은 '상생문화'로 바꿔야 합니다.

'선비 리더십'은 저성장 사회와 고령화 사회에 필요한 상생문화를 일으키는 디딤돌이 될 수 있습니다. 우리는 이제 선진국들처럼 고령의 어른들도 사회적 공동체에 함께 참여할 수 있는 다양한 제도와 적합한 시스템을 개발하여 그들의 경륜과 지혜를 국가적 에너지로 활용해야 합니다.

조선의 선비들은 어른다운 참 어른이 되는 것을 최고의 우선 가치로 생각했습니다. 어제보다 조금이라도 더 나은 오늘을 만들기 위해 '일신일신우일신(日新日新又日新)'을 생활화했습니다. 어제보다는 오늘 좀 더 높게 보고, 어제보다는 오늘 좀 더 넓게 보고, 어제보다는 오늘 좀 더 멀리 보려고 노력하는 삶을 살았습니다. 선비들은 사람의 깨달음을 증명할 수 있는 방법은 학습과 실천 이외에는 없다고 생각했습니다.

깨달음은 말로써 설명할 수 없고 과학적으로 논증할 수도 없으며 오직 실천으로 증명할 수밖에 없습니다. 선비들은 깨달음은 추구하는 것이 아니라 실천하는 것이라고 생각했습니다. 깨달음은 추구하는데 의미가 있는 것이 아니라 실천하는 데에 의미가 있기 때문입니다. 조선 중기의 율곡 이이 선비는『격몽요결』서문에서 이렇게 말했습니다. "학문이 아니고서는 올바른 사람이 될 수 없다. 여기서 학문이란 날마다 행동해야 하는 것이지 무슨 거창한 높은 것으로 보면 안 된다. 부모에게 효도하는 것, 친구 간에 믿음이 있어야 하는 것 등이 모두 학문이다." 또 조선 후기의 다산 정약용 선비는 "실천할 수 없는 것은 학문이 아니다."라고 말했습니다.

선비들은 젊은이들에게 공동체 삶 속에서 지켜야 할 가치와 도덕생활에 관해 질문하고 토론하는 것을 최고의 생활실천교육이라 생각했습니다. 매일 아침 어른들은 아침 밥상머리에서 자식들에게 물었습니다. '어제는 무슨 일을 했느냐?', '오늘은 어떤 일을 하려고 하느냐?', '어제는 무슨 책을 읽었느냐?', '오늘은 어떤 책을 읽으려고 하느냐?' 등을 질문했습니다. 일의 내용도 물었습니다. 책의 내용도 물었습니다. 어른이 질문을 하면 아이들이 대답을 합니다. 또 아이들이 질문을 하면 어른들이 응답을 합니다. 이런 것을 요즘 말로 토론이라고 합니다. 이런 과정을 통해 부모와 자식 간에 진지하고 가치 있는 의사소통이 이뤄지고 아이들은 진정한 삶의 길을 배울 수 있었습니다.

부모와 자식, 아이와 어른의 질문과 응답은 인간을 성장하게 하고 성숙하게 하는 최상의 도구입니다. 자식이 성장하여 철이 들면 부모는 자연스럽게 존재의 의미를 묻는 질문도 던집니다. '인생의 목적은 무엇인가?', '삶의 목표는 무엇인가?' 이런 질문과 대답을 통하여 자식은 부모로부터 인생의 가치를 깨달을 수 있고 부모는 인생의 나침반이 될 수 있는 경험과 지혜를 얘기할 수 있습니다.

오늘날 우리 사회에서 흔히 하는 얘기가 있습니다. 우리나라 어머니들은 학교 갔다 돌아온 자식에게 "오늘 선생님 말씀 잘 들었느냐?", "오늘 학교에서 공부 잘했느냐?"라고 묻는 데 반하여, 이스라엘의 유대인 부모들은 학교에서 돌아온 자식에게 "오늘은 선생님에게 무슨 질문을 했느냐?" 하고 물어본다는 것입니다. 유대인들은 질문을 많이 하는 학생들을 키워냈기 때문에 오늘날 세계에서 노벨상 수상자를 가장 많이 배출할 수 있었다면서 우리는 유대인 부모들로부터 본받아야 한다고 덧붙입니다.

오늘날 우리나라의 지식인들은 유대인으로부터 교훈을 얻어야 한다며 TV를 비롯한 미디어의 강연 프로그램에 나와서 강조하고 있습니다. 하지만, 실상은 다릅니다. 우리는 외국인으로부터 교훈을 얻기 전에 우리의 조상들로부터, 우리의 선비들로부터, 우리의 어른다운 어른들로부터 진정한 삶의 교훈을 얻을 수 있고 배울 수 있습니다. 또 우리는 우리의 조상들로부터 훌륭한 삶의 교훈을 얻고 배워야 합니다.

우리 조상들은 유대인 이상으로 자식들에게 질문을 통한 교육을 시키고 스스로 앞장서서 행동하는 솔선수범 교육을 보여줬습니다. 조선의 실학자 다산 정약용 선비의 '제생문답(諸生問答)'을 보면 다산 선생은 제자들에게 가르치기는커녕 질문만 합니다. 그는 질문을 통해 제자들에게 자연과 모든 생명 존재를 사랑해야 하는 이치를 깨닫도록 했으며 사람은 경제적 자립이 무엇보다 중요함을 구체적으로 일깨워 줬습니다.

동방의 공자로 일컬어지는 퇴계 이황 선비는 제자들에게 '예인조복(譽人造福)'을 늘 강조했습니다. 남을 칭찬하면 자기에게 복을 짓는 것과 같다는 뜻입니다. 다른 사람을 칭찬하면 자신에게 복이 온다는 말입니다. 복은 하늘에서 떨어지는 것도 땅에서 솟아나는 것도 아닙니다. 복은 사람이 스스로 노력하여 만들어가는 것입니다. 다른 사람을 칭찬하고 배려하고 사랑하는 것은 자신이 복을 받는 첩경입니다. 그런데 우리나라 지식인들은 미국인이 만들어 낸 "칭찬은 고래도 춤추게 한다."라는 말은 너나없이 인용하면서 우리 조상들이 수백 년 전부터 사용하여 후손을 가르친 말을 인용하는 지식인들을 볼 수 없습니다.

오늘날 우리나라 지식인들은 토론이 중요하다고 강조하고 있지요. 유대인들은 토론을 생활화했기 때문에 미국 아이비리그 대학교수의 20%가 유대인이고 포브스가 발표하는 100대 미국 부호의 20%가 유대인이 점유하고 있다고 얘기합니다. 그리고 우리는 유대인으로부터 토론문화를 배워야 한다고 강조합니다. 맞는 말입니다. 그러나 토론문화로 말하면 우리나라만큼 다른 나라에 앞서 선진화된 나라는 지구촌에 없었습니다.

중세에 이미 조선은 왕실에서 토론문화를 세웠습니다. 우리 국민들이 가장 존경하는 세종대왕 때 이미 토론문화가 정착되었습니다. 세종은 신하들과 토론하기를 정말 좋아했습니다. 세종은 어전회의 때도 토론을 즐겼습니다. 세종은 학자들이 서로 토론하게 분위기를 만들었습니다. '집현전'은 토론이 이뤄진 대표적 조직이었습니다. 왕이 토론을 하니까 사대부가 토론을 했고 사대부가 토론을 하니까 양반이 토론을 했고 양반이 토론을 하니까 백성이 토론을 했습니다.

질문은 상호적입니다. 어린이, 젊은이들은 어른들에게 많은 질문을 해야 합니다. 또 어른들은 어린이, 젊은이들에게 많은 질문을 해야 합니다. 어른들은 어린이와 젊은이들로부터도 많은 것을 배울 수 있기 때문입니다. 우리의 조상과 선비들은 '인생은 배움'이라고 생각했습니다. 사람은 죽을 때까지 배워야 하고 배움을 놓는 순간 죽을 수밖에 없는 존재라고 생각했습니다.

조선사회에는 여러 사람이 모여서 정보와 의견을 서로 교환하며 토론하는 공간으로 '사랑방'이 있었습니다. 사랑방은 언제나 모두에게 개방적이었습니다. 시문을 하는 사람이나 예술을 하는 사람이나 유학자나 정부관료까지 드나들면서 격의 없이 함께 모여 토론하고 교류하는 장소였습니다. 사랑방은 그곳에 모인 사람들에게 좋은 자극제가 되었고 새로운 정보를 얻으며 아이디어를 창출하는 데 큰 도움을 주었습니다. 창의성이 강조되고 있는 오늘날 한국사회에 '사랑방' 정신은 곡 필요한 요소라 할 수 있습니다.

우리나라 지식인들은 흔히 하는 얘기를 또 반복합니다. 자식에게 물고기를 가져다주지 말고 물고기 잡는 법을 가르쳐 줘야 한다고 말합니다. 부모가 주는 생선을 그냥 받아 먹기만 한 자식이 스스로 할 수 있는 일은 아무것도 없습니다. 그러나 생선을 잡는 법을 배운 자식은 스스로 생선을 잡아먹을 수 있기 때문에 경제적 자립을 남보다 먼저 할 수 있다는 얘기입니다.

맞는 말입니다. 하지만 생선을 잡는 방법을 가르쳐 주기란 말처럼 쉬운 일이 아닙니다. 스스로 생선을 잡게 하려면 먼저 자식이 배가 고플 때까지 그냥 놓아둘 줄 알아야 합니다. 하지만 오늘날 한국인 부모들은 자식이 배가 고플 때까지 그냥 놓아두지 못합니다. 자식의 배가 고프기 전에 생선을 미리 갖다 주지 않고는 못 배깁니다.

또 생선을 잡는 방법을 말로만 가르쳐 주는 것은 별로 효과가 없습니다. 생선을 잡는 방법은 직접 행동으로 가르쳐 줘야 합니다. 부모가 말 없이 스스로 행동으로 보여주는 것이 더 효과적입니다. 부모의 생선 잡는 방법을 자기 눈으로 보고 확인한 자식이 스스로 잡아 볼 수 있는 호기심을 갖도록 도와주는 것이 더 빠르고 확실합니다.

조선의 선비들은 '자식이란 부모의 뒷모습을 보고 자란다'고 믿었습니다. 선비들은 스스로 어른다운 어른이 되어서 자식들에게 참된 삶의 모범을 보여줘야 한다고 생각했습니다. 먼저 어른이 옳은 생각, 바른 행동을 해야 어린이, 젊은이들이 옳은 생각, 바른 행동을 따라 할 수 있다고 생각했습니다. 선비들은 생선을 갖다 주는 행동을 하기보다는 생선을 직접 잡는 행동을 보여줘야 젊은이들이 어른들의 생선 잡는 법을 보고 스스로 독립된 삶을 하루빨리 터득해 나갈 수 있게 된다고 생각했습니다.

우리가 지금 경험하고 있는 우리나라 우리 사회를 한 번 돌아볼까요?

오늘날 우리들이 삶을 영위하고 있는 우리나라 우리 사회를 돌아보면 화합과 나눔의 전통적 미풍양속은 간데없습니다. 그 자리에 독식과 분열의 서구식 트렌드가 주류를 이루고 있습니다. 독식과 분열은 불신 사회를 초래합니다.

지금 우리 사회는 계층 간, 세대 간, 빈부 간, 지역 간, 정당 간, 정파

간, 노사 간, 노노 간의 갈등이 산재해 있습니다. 그러면서도 이러한 갈등을 올바르게 풀어 줄 수 있는 어른다운 어른을 찾아볼 수 없습니다. 어른다운 어른들이 솔선수범하여 행동으로 보여주는 우리 사회 공동체에 필요한 사회적 실천교육이 전무합니다.

조직과 법인, 이웃과 마을, 마을과 사회, 도시와 국가를 위한 공동체의식, 책임의식, 주인의식, 문화의식, 시민의식, 국민의식에 관한 우리 사회 구성원의 기초적 행실, 품성, 인성으로 가꾸어진 미풍양속이 사라지고 없습니다. 공동체의식교육은 우리 사회를 행복하게 다질 수 있는 기본교육입니다. 우리 사회를 수준 높은 신뢰사회로 만들 수 있는 근본교육이자 기초교육입니다.

교육을 받은 사람이라면 사람이란 무엇인가? 사람다움이란 무엇인가? 사람다운 삶이란 무엇인가? 사회란 무엇인가? 시민이란 무엇인가? 국민이란 무엇인가? 인성이란 무엇인가? 더 나아가 인품이란 무엇인가? 더 나아가 인격이란 무엇인가? 에 대한 질문에 주저 없이 명확하고 분명하게 대답할 수 있어야 합니다.

사람이 사람다운 삶을 살고자 한다면 '인·의·예·지·효·충·경·신(仁義禮智孝忠敬信)'에 대한 정확한 뜻을 인식하고 그것을 스스로 몸으로 익혀 실천해야 합니다. '인·의·예·지·효·충·경·신'의 8가지 인성의 핵심요소는 인류공동체를 행복하게 만드는 에너지입니다. '인의예지'는 개인인격 완성의 기초요소이며, '효충경신'은 사회인격 완성의 근본요소이기 때문입니다.

실제로 수양, 수련, 수행단계에서 '인의예지(어짊, 옳음, 바름, 슬기)'는 개인인격의 완성을 지향하고 '효충경신(배려, 책임, 섬김, 신뢰)'은 조직인격과 사회인격의 완성을 지향합니다.

개인인격 완성을 위해서는 '格物(격물−과학)', '致知(치지−지식)', '誠意(성의−정성)', '正心(정심−양심)'으로 인간 본성(인의예지)을 갈고 닦는 수행방법이 있습니다.

조직인격의 완성을 위해서는 '수신', '제가', '치국', '평천하'의 수행방법으로 공동체본성(효충경신)을 확립하는 단계적 수행방법이 있습니다.

'선비 리더십'은 공동선을 창조하여 사람이 평안하고 인류가 평등하며 세상이 평화로운 상생사회와 대동사회를 건설하는데 최종목표를 두고 있습니다.

격물·치지·성의·정심은 수신의 핵심 요체입니다. 현대어로 말하면 과학·지식·정성·양심입니다. 이는 사람의 생각과 말과 태도와 행동의 뿌리입니다. 수신이 이루어져야 개인인격의 독립이 완성됩니다. 자신이 먼저 밝은 빛의 존재임을 깨닫고 그 빛을 스스로 밝히는 것이 개인인격의 완성입니다.

그다음 단계는 내가 아닌 다른 사람의 빛을 밝히고 이끌어내는 과정입니다. 사람의 삶은 혼자 이룰 수 없습니다. 다른 사람의 빛을 환하게 밝히고 이끌어내는 행위가 꼭 필요합니다. 나만이 빛을 밝히고 타인들이 모두 어둠 속에 존재하도록 그냥 둔다면 공동체 구성원으로서의 의무를 저버리는 행위입니다. 내가 밝히고 있는 나의 빛은 나만을 위한 빛이 되고 맙니다. 나만의 빛만 밝히면 '나'뿐인 사회 즉 '나 홀로' 사회가 되어버립니다. '나'뿐인 사회는 '나쁜' 사회입니다. 우리는 좋은 사회를 만들어야 합니다. 좋은 사회는 나와 타인이 더불어 빛을 발휘해야 좋은 사회가 됩니다. 타인에게도 나와 같은 밝은 빛이 내재되어 있습니다. 타인이 먼지와 그늘에 가려져 있는 자기의 빛을 스스로 들어내어 환하게 밝힐 수 있도록 도와주는 것이 리더십의 첫걸음입니다.

사람은 개인적 존재이면서 동시에 사회적 존재입니다. 나와 남이 동시에 빛을 발할 수 있어야 상생사회, 대동사회를 구축할 수 있습니다. 모든 사람의 명덕을 밝히는 행위는 가족, 이웃, 조직, 사회, 세상으로 단계적으로 이루어져야 공동체의 에너지가 선 순환됩니다.

내가 나의 빛을 밝히고 이어서 다른 사람의 빛을 밝혀 이끌어내는 단계적 과정이 수신·제가·치국·평천하입니다. 이 과정에는 대결이나 경쟁이 있을 수 없습니다. 서로에게 이로움을 주고 서로에게 보탬이 되는 공동선을 창조하는 상생이 있으며 협동과 협업이 존재합니다.

'수신'에서 시작하여 '평천하'의 목적지까지 순차적 발전단계로 완성되는 과정이 개인인격 → 조직인격 → 사회인격 → 국가인격 → 국제인격이 되는 것입니다. 국제인격이 완성될 때 인간은 지구촌의 주인으로서 인류에게 평안·평등·평화를 선물할 수 있는 것입니다. 공동체의 리더십이 구성원 모두에게 평안·평등·평화를 구현할 수 있을 때 '평천하'의 목표가 달성됩니다.

'격물'의 출발점에서 '평천하'의 목표지점까지 서술적으로 설명하면 다음과 같습니다.

– 사물의 이치를 철저하고 정확하며 확실하게 궁리해야 한다.(格物)

– 사물의 이치를 확실하게 밝혀야 자신의 지식이 지극해진다.(致知)

– 자신의 지식이 지극해져야 자신의 뜻이 진실한 열정이 된다.(誠意)

– 자신의 뜻이 진실한 열정이 되어야 자신의 마음이 순수한 양심이 된다.(正心)

– 자신의 마음이 순수한 양심이 되어야 개인인격의 확립이 이루어진다.(修身)

– 개인인격의 확립으로 자립한 뒤에 고을의 상생을 바르게 돌보아야 한다.(齊家)

– 고을의 상생을 바르게 돌본 뒤에 나라의 상생을 바르게 돌보아야 한다.(治國)

– 나라의 상생을 바르게 돌본 뒤에 천하의 상생을 바르게 돌보아 평안, 평등, 평화를 도모하는 '평천하'를 이루어야 한다.(平天下)

리더십의 원전은 『대학』입니다.

예로부터 『대학』은 '제왕학'의 황금률로 불려 왔습니다.

『대학』은 리더십의 목표를 3강령으로 설정합니다.

"리더가 되려는 배움의 길은,(大學之道)

명덕을 더욱 밝힘에 있으며(在明明德)

모든 사람을 사랑함에 있으며(在親民)

모자람도 지나침도 없는 최선의 자리에 머무르도록 함에 있다.(在止於至善)"

– '본성의 빛을 더욱 밝혀라.'(明明德)

– '사람을 경애하라.'(親民)

– '최선의 경지에 머물러 살아라.'(止於至善)

하는 3가지 실천 명제를 삶의 목표로 가르쳐 줍니다.

공동선을 창조하는 '선비 리더십'의 실천강령을 프레임으로 그리면 아래 도표와 같습니다.

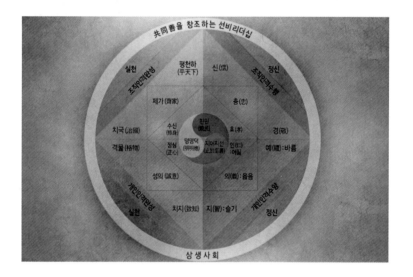

우리 사회는 단합, 융합, 화합, 합일, 통섭이 사회 각 부문에 절실히 필요합니다.

우리 사회는 배려, 나눔, 섬김, 공존, 상생이 사회 각 부문에 뿌리내려야 합니다.

여기에 필요한 해답은 '밖'에 있는 것이 아니라 우리 '안'에 있습니다.

우리 안에 우리에게 맞는 답이 이미 나와 있습니다.

바로 '선비 리더십'입니다.

'선비 리더십'으로 명품인재와 명품리더를 양성할 수 있기 때문입니다.

이천오백여 년 전 공자는 당시 국력(국가 경쟁력)의 구성요소로 3가지 기본조건을 설파했습니다.

즉, 족식(足食: 백성을 배부르게 먹이는 일: 경제력), 족병(足兵: 나라를 튼튼하게 방어하는 일: 군사력), 민신(民信: 백성의 신뢰를 얻는 일: 문화력)이었습니다.

공자는 이 중에서 한 가지만 선택한다면 어느 것을 버려야 할 것인가를 묻는 제자들에게 '족병'을 먼저 버리고 그다음에는 '족식'을 버릴 수 있겠지만, '민신'만은 절대 버릴 수 없다고 대답했습니다.

국가에 대한 백성의 믿음을 경쟁력의 핵심으로 꼽은 것이지요. 백성이 국가(입법부, 사법부, 행정부)를 믿는 사회, 정부가 백성을 믿는 사회, 백성이 백성을 믿는 사회가 바로 신뢰사회고, 신뢰사회가 문화사회고, 문화사회가 최고의 국가 경쟁력이라는 지적입니다.

신뢰사회의 반대말은 불신사회입니다.

불신사회는 분열사회를 만듭니다.

분열사회는 비리사회를 만듭니다.

비리사회는 부패사회를 만듭니다.

부패사회는 패륜사회를 만듭니다.

패륜사회는 망국사회를 만듭니다.

조셉 나이 하버드대 석좌교수는 현대국가의 국가경쟁력 구성요소로 3가지를 들었습니다. 즉, 하드 파워(Hard Power: 경제력, 군사력), 소프트 파워(Soft Power: 문화력), 스마트 파워(Smart Power: 철학, 사상, 이념, 학문, 지식, 가치 등)로 설명했습니다.

'선비 리더십'은 공자가 말씀한 '문화력'입니다.
'선비 리더십'은 조셉 나이 교수가 설명한 '스마트 파워'입니다.
세계가 '선비 리더십'을 탐내는 이유입니다.

이 책은 '선비 리더십'을 공부하기 위해 저술되었습니다.
필자는 '선비정신'은 무엇인가? 에 대하여 먼저 살펴보려고 합니다.
그다음에 '선비'는 누구인가? 에 대하여 알아보는 순서를 택합니다.

선비는 무엇을 생각하였는지?
선비는 무엇을 말하였는지?
선비는 무엇을 행동하였는지?
선비는 어떤 이상을 가졌었는지?
선비는 자기가 가진 이상을 구현하기 위해 어떻게 실천하였는지? 에 대하여 순차적으로 살펴보려 합니다.

그럼 본문을 시작하면서 선비정신의 내력과 한국인의 정체성부터 자세하게 알아보도록 하겠습니다.

제2장 부록

제 1 장

선비정신의 내력과
한국인의 정체성

한국인의 삼재사상과 삼신사상

한국인은 3자를 좋아한다.

한국인은 천·지·인(天地人)을 우주의 상징으로 본다.

한국인은 천·지·인을 우주의 근본에서 나온 삼재(三才)라고 생각한다.

한국인은 천·지·인 합일사상이 매우 강하다.

천·지·인에 대한 합일사상이 3에 대한 숭상으로 나타난다.

하늘, 땅, 사람이 우주를 경영한다고 본 것이다.

셋을 한자로 쓰면 삼(三)이다.

三은 하늘과 땅 사이에 있는 사람의 모습을 세 개의 선으로 표현한 것이다.

왕(王)은 천·지·인을 하나로 맺어 주는 역할인 정치를 하는 천자라는 뜻에서 王이라 쓴다.

무당은 천·지·인을 하나로 맺어 주는 종교를 집행하는 사람이라는 뜻에서 무(巫)라고 표현한다.

한자는 중국인이 만든 글자가 아니라, 한국인의 조상인 동이족이 만들어서 중국인이 쓰게 된 글자다. 한자는 원형이 그림이다. 고대사회에서 의사소통은 상형이라는 그림 글자로 시작한 것이다.

고조선의 건국역사를 보면 셋이라는 숫자가 여러 곳에 나온다.

환인, 환웅, 단군이 등장한다. 이를 삼신(三神)이라 한다.

환인의 허락을 받아 환웅이 하늘에서 내려올 때 풍백, 우사, 운사의 세(3) 신하를 데리고 천부인 3개를 받아 3천 명의 무리를 이끌며 내려온다.

우주와 인간사회를 주재하는 신(神)도 3개다.

하늘의 신은 환인이고, 땅의 신은 환웅이고, 사람의 신은 단군이다.

이것이 삼신인데 합치면 하나이다. 삼신일체사상이다.

삼신을 단수로 취급하여 '삼신할머니'라고 부른다.

이렇게 삼신신앙은 한국무교신앙의 뿌리가 된 것이다.

삼신은 상호 상생적 관계다. 1+1+1은 3이기도 하고 동시에 1이기도 하다.

한국인의 일상풍속과 일상생활 속에 3이란 숫자는 많이 나온다.

한국의 한의학에서는 인간의 생명을 정(精)·기(氣)·신(神)의 합일로 표현한다.

음양오행의 상극이론에 중점을 둔 중국과 달리 한국에서는 음양오행의 상생이론에 무게를 두었고 더 나아가서 정·기·신 3위일체론이 발전하였다. 3위일체론 의학은『동의보감』의 첫머리에 에도 실려 있다.

일반 스포츠 경기를 할 때는 세 번을 겨루어 승부를 결정한다.

한국인 전통 민속경기인 씨름은 삼세판으로 승부를 결정한다.

한국인은 사진을 찍을 때도 하나, 둘, 셋에 셔터를 누르고, 구호를 외칠 때도 하나, 둘, 셋에 모두 함께 외친다.

고대의 그릇을 보면 세 개의 다리를 붙인 삼족기(三足器)가 많다.

고구려 무덤벽화에는 발이 세 개 달린 까마귀인 삼족오(三足烏)의 그림이 많이 나온다.

조선시대 임금의 행차에 쓰인 의장기에는 머리가 셋이고 다리가 셋인 주작기(朱雀旗)가 있다.

조선시대의 정승 벼슬도 삼정승이다. 영의정, 좌의정, 우의정이 삼정승이다.

한국인의 우주관

종교에서 가장 중요한 것은 '사생관'이다.

한국인은 죽음에 대한 관념이 분명하다.

모두 '하늘로부터 태어나서 하늘로 돌아간다'는 관념을 갖고 있다. 한국인은 죽음을 표현할 때 '돌아간다'라고 표현하는 민족이다. 한국인에게 죽음은 하늘과 하나가 되는 것이다.

천·지·인이 하나가 되는 종교의식이 무교(巫敎) 신앙이다.

무교의식에서 발현되는 에너지가 '신바람'이고 '신명'이고 '흥'이다.

이 세 가지는 한국인의 생명을 충전시켜주는 활력소이자 에너지다.

한국인은 천(하늘)·지(땅)·인(사람)을 살아 있는 생명체라고 본다.

한국인은 하늘과 땅과 사람에게는 음양의 본질이 있고 오행의 운행으로 생명이 유지된다고 본다.

하늘에는 해와 달이 음양이 되고, 화성, 수성, 목성, 금성, 토성이 오행으로 활동하여 생명이 된다.

땅에는 산과 강이 음양이 되고, 목화토금수(나무, 불, 흙, 쇠, 물)의 성질이 오행으로 활동하여 생명이 된다.

사람에게는 남녀가 음양이 되고, 몸속에 있는 오장이 오행으로 활동하여 생명이 된다.

오장은 다섯 개의 장기로 신장, 심장, 간장, 폐장, 비장을 말한다.

음양의 음 속에는 양이 있고, 음양의 양 속에는 음이 있다. 따라서 음은 양으로 변화하고 양은 음으로 변화하는 속성을 가진다.

한국인의 조상들은 일찍부터 자연환경을 존중하고 사랑하는 우주관을 가지고 살아왔다. 한국인의 자연사랑은 한국인의 춤, 노래, 악기, 그림, 서예, 건축, 정원 등 곳곳에 스며 있다.

한국인의 춤은 새가 날개를 펴고 하늘로 날아오르는 모습이 기본이다. 날개에 해당하는 어깨와 팔 동작이 유연하고 발은 새가 날아오를 때 무릎을 살짝 굽혔다가 펴는 오금질을 동반한다. 새처럼 하늘로 날아올라 하늘과 하나가 되려는 마음을 담고 있다. 고구려 고분 벽화에는 팔에 날개를 달고 하늘로 올라가는 그림이 많다. 이는 무덤의 주인공이 하늘로 승천하기를 기원하는 염원이 담겨 있는 것이다.

한국인의 죽음은 하늘과 하나가 되는 것이 죽음이다. 하늘과 하나가 된다는 것은 천지인이 하나가 되는 것을 의미한다.

한국인의 범종

세계인이 탄복하는 한국인의 악기는 범종이다.

범종은 걸게 옆에 하늘을 향해 음관을 붙이고, 종 모양은 대나무 통처럼 만들어 여운이 오래가는 신비의 종소리가 울려 퍼지도록 만든다.

종 아래는 땅을 움푹 파놓아 음통 역할을 하도록 했다.

음관은 하늘의 소리를 담고 음통은 땅의 소리를 담는다.

범종은 하늘과 땅과 인간이 함께 연주하는 악기이다.

지구촌에서 이런 종은 한국인만이 갖고 있다.

같은 동아시아 지역에 살아온 중국과 일본에도 범종이 없다.

범종은 천·지·인 합일사상을 갖고 있는 한국인이 만든 유일한 종이다.

천·지·인이 함께 만들어 내는 신비의 종소리를 창조한 유일한 종이다.

한국인의 산수화, 건축, 한글

한국인의 전통 산수화는 서양식 풍경화와 완전히 다르다.

서양식 풍경화는 아름다운 풍경만 담겨 있지만, 한국인의 산수화는 아름다운 자연 속에 풍경만 있는 것이 아니라, 반드시 사람을 그려 넣었다. 자연과 인간이 하나가 될 때 아름다움이 완성된다고 본다.

한국인의 건축인 한옥은 천지인의 모습을 담고 있다.

초가집, 기와집은 둥글고 네모지고 삼각지는 모습으로 지어진다.

지붕, 마루, 방에도 자연의 모습이 담겨 있다.

하늘에서 내려다보면 한옥의 지붕 모습이 다른 어느 건축물보다 아름답다.

한옥의 모습은 지상에서 위로 볼 때보다 하늘에서 아래로 내려다볼 때 아름다운 건축물이다. 한국인의 시각은 원근법이 아니라 모든 것을 동시에 보는 하늘의 시각이다.

세종대왕은 천지인을 상징하는 원방각(圓方角)의 도형(ㅇ, ㅁ, △)과 인간의 발음기관인 혀와 목 안의 변화 모습을 문자에 응용하여 훈민정음의 자음을 만들었고, 천지인을 상징하는 하늘(●), 땅(ㅡ), 사람(ㅣ)을 형상화시켜 모음을 만들었다. 한글은 디지털시대에 통할 수 있는 세계의 유일한 과학적 문자로 유엔이 인정하고 있다.

한국인의 정체성과 주체성

한국인은 고조선이 멸망한 이래 수천 년간 중국과 국경을 접하고 살아오면서 중국문화의 영향을 크게 받아 온 것이 사실이다. 그러면서도 여진족(만주족)이나 거란족처럼 중국인으로 동화되지 않았고, 위구르족이나 티베트족처럼 중국에 합병되지도 않았으며, 처음부터 오늘에 이르기까지 독립적 언어와 문화를 유지하여 계승 발전시켜 오면서 한국인의 정체성을 잃지 않고 살아왔다.

그 비결은 무엇일까?

한국인은 단군 역사에서 보듯이 자신들이 하늘(하느님-환인)의 자손이라 믿었으며 부여, 고구려, 백제, 신라의 시조도 하늘의 자손으로 중국인과는 핏줄기가 다르다고 생각한 것이다.

고조선과 삼한시대와 삼국시대의 조상들은 하늘의 자손이라는 천손의식(天孫意識)을 바탕으로 혈연적 독자성을 자각하여 우리나라의 풍토에 맞는 언어와 의식주 문화와 미풍양속을 지켜왔다.

고려는 고구려의 계승국가라는 자부심으로 국호를 고려라 불렀고, 태조 왕건은 후세 왕들에게 교훈을 주기 위해 훈요십조(訓要十條)를 지었으며, 고려 성종의 정치 방향을 제시한 고려의 유학자 최승로(崔承老)는 시무28조를 만들어 외래문화의 수용을 환영하면서도 우리 조상의 전통문화와 언어풍속을 유지하고 계승시킬 것을 강조했다.

고려 말에는 중국(원나라)을 지배한 몽골의 간섭을 100여 년간 받게 된다.

이때 한국인의 뿌리 찾기 운동이 활발하게 전개되어 기원전 2333년에 천손이 세운 단군조선이 한국인 최초의 국가임을 실증으로 확인한 것이다.

고려 문신 동안(動安) 이승휴(1224~1300)는 원나라의 간섭하에 있는 고려사회에 민족의 자주성과 독자성을 고양하기 위해『제왕운기』를 써서 편찬했다. 이 책에서 그는 우리 민족의 시조로 단군을 내세워 우리나라를 중국과 다른 독자적인 나라로 서술하고 단군조선-기자조선-삼한시대-삼국시대-통일신라·발해 – 고려로 이어지는 우리 역사의 정통성을 확보했다.

고려를 이은 조선은 건국할 때 국호를 조선으로 바꾸어 단군조선의 영광을 이어간다는 것을 공식적으로 표방하고, 한국사는 건국역사가 불분명한 중국사와 다른 뿌리를 가졌다는 것을 확인하였다.

한국인의 정체성과 주체성을 가지고 찬란한 민족문화를 꽃피운 임금이 조선의 세종대왕이다. 15세기 초 세종의 과학농업정책과 문화융성정책으로 조선의 백성은 당시 세계 최고 수준의 문화 국민이 된다.

조선의 이종휘는 한국의 민족종교가 신교(神敎)라는 사실을 밝히고, 한치윤과 김정희는 한국문화의 뿌리를 고조선뿐만 아니라 대륙의 동북지방에 넓게 퍼져 살고 있던 동이족으로 시야를 넓혀 이해하고, 동이족이야말로 중국의 한족에 뒤지지 않는 문화민족임을 자랑스럽게 밝혀냈다. 중국 산동성의 동이족 사회에 함께 살았던 동이족의 공자도 동이족 사회의 아름다운 문화와 풍속에 영향을 받아 유교의 인(仁)사상을 창출하였다는 결론에 이르게 된다.

인(仁) 사상은 그 자체가 선함이고 착함이고 사랑이고 어짊이다. 글자의 표현 자체가 사람과 사람의 사이를 말하고 인간과 인간의 관계를 말한다. 인 사상은 그 자체가 인간과 인간, 인간과 사물, 인간과 자연의 사이를 말하는 관계론이다. 관계론의 핵심은 어짊이다.

한국인은 착하다. 한국인은 선하다. 한국에서 30년 이상 거주하고 있는 외국인들에게 설문조사를 했더니 한국인의 장점 1위로 꼽힌 것이 '한국인은 착하다.'였다. 선하고 착한 정체성을 가지고 있는 인(仁) 사상은 고조선까지 거슬러 올라가 홍익인간 철학에 맞닿아 있는 것이다.

한국인은 다민족

오늘날 전 세계는 하나의 생활권으로 비약하고 있다. 바야흐로 다민족 다문화의 삶이 전개되고 있는 것이다.

그런데 일제강점기 시대에 한국인들의 정체성이 크게 흔들리게 되자, 독립운동가들을 중심으로 한국인을 응집시키고 단결시킬 목적으로 '단일민족'을 강조하는 민족주의가 고양됐던 시절이 있었다.

또 민족주의자들은 단일민족의 규모를 더 키워서 동이족 전체에 해당하는 거란족, 여진족, 몽골족, 선비족, 쥬신족, 돌궐족까지 함께 묶어 '배달겨레'라는 말을 쓰기 시작했었다. 이러한 거대민족주의는 '밝음', '동방', '하늘'을 숭상하는 무교(巫敎)의 종교공동체를 통합한 것으로 하나의 거대한 민족공동체로 발전시켜 항일전선을 펴고자 했던 정치적 목적으로 나온 것이다.

일본은 동이족의 무교(巫敎)와 한국의 민족종교인 신교(神敎)를 갖고 가서 섬나라 일본의 신도(神道)로 발전시켰다. 그런 다음, 한국의 민족주의자들이 내세운 배달공동체 속에 일본까지 포함시켜 동아시아 침략을 마치 '배달겨레 종교의 공동체'의 재건인 것처럼 선전했다.

이것이 바로 일본이 내세운 '대동아 공영권' 건설이다. 일본은 평화를 파괴하여 침략하고 지배해서라도 동아시아를 통합하고 공영해야 한다는 몽상적이고 왜곡된 주장을 내세운 것이다.

일본의 '대동아 공영권' 논리는 안중근 의사의 '동양 평화론' 이론과는 정반대의 개념이다.

안중근 의사는 뤼순의 감옥에서 '동양 평화론'을 쓰면서 한국, 일본, 중국은 상호 침략을 하지 말고 자주독립하여 평화공존 해야 한다고 강조했다. 더 나아가서 오늘날의 EU처럼 한국, 중국, 일본은 동일화폐시장으로 경제적 공동시장을 이루어야 한다고 주장했다.

당시에는 안중근 의사의 주장을 이해하는 지식인이 아무도 없었다. 안중근 의사는 자신의 '동양 평화론'을 완성시키기 위해 처형 시기를 보름간만 늦추어달라고 요청했지만, 즉결 처분하라는 일본정부의 지시에 의해 무자비하게 사형이 집행됐다. 때문에 그의 '동양 평화론'은 미완의 단계로 안중근 의사의 유고가 되고 말았다.

(안중근 의사: 1909년 10월 26일 초대 조선통감 이토 히로부미를 대한독립군 참모장 자격으로 하얼빈 역에서 저격. 1910년 3월 26일 일본군사재판에 의해 처형됨. 재판 일주

일 만에 사형선고. 투옥 5개월 만에 처형당함. 향년 31세. 안중근 의사 사후 5개월만인 1910년 8월 29일 대한제국은 일본제국에 병탄되어 국가이름이 사라지게 된다.)

한국의 독립운동권에서 나온 '배달겨레민족주의'는 본의 아니게도 일본의 침략논리에 역이용당하는 불행을 맞이하고 말았다. '배달겨레 민족주의'는 일본에 역이용당하는 결과를 가져 왔을 뿐만 아니라, 오늘날 다민족 다문화 중심의 지구촌 현상과도 상치되는 결과를 초래한다.

또 한국인과 거란족, 여진족, 몽골족이 무교(巫敎)를 공유했다 하더라도 그것은 고조선 시대의 일이고, 그 후 실제 역사상 한국인은 거란족, 여진족, 몽골족의 침략을 받아 방어하느라 힘거운 전쟁을 수차례에 걸쳐 겪은 경험이 있으므로, 이들을 동족으로 간주한다는 것은 더 이상의 설득력을 가질 수 없는 것이 사실이다.

더구나 실제 역사적으로 보면 한국인은 단일민족이 아니다.

고조선시대에는 단군조선이 기자조선, 위만조선을 연방국가로 거느렸으므로 다민족, 다문화국가였고, 그 후의 삼한시대나 삼국시대에도 우리나라는 다민족국가였음을 역사기록들이 증명하고 있다.

오늘날 한국인이 가지고 있는 성씨(姓氏)의 절반 이상이 대륙에서 이주해 온 이주민 성씨라는 사실만을 보더라도 한국은 다민족 국가임에 틀림없다.

대륙에서는 중국의 한족뿐 아니라 여진족, 거란족, 몽골족, 위구르족, 티베트족, 시베리아인들이 한국인으로 귀화했고, 남방에서는 일본인, 유구인, 베트남인, 인도인, 아랍인, 화란인 등이 한반도로 들어와 귀화인이 됐다.

혈통적으로 보면 이렇게 다양한 민족이 혼합되어 한국인 사회에 융합되어 살아 왔던 것이다. 하지만 정신적으로 보면 한국인은 원주민이든 귀화인이든 단군의 천손민족이라는 우리 민족 고유의 자부심을 체득하여 한국인 특유의 동질적인 문화적 정체성을 키워왔던 것이다.

오늘날 글로벌시대를 맞이하여 한국인이 외국에 나가서 삶을 영위하는 경우도 많아졌고 또 외국인이 한국에 들어와서 삶을 영위하는 경우도 많아졌다. 국제결혼도 늘어나고 지역적 폭이 점점 넓어지는 추세다. 이러한 추세가 계속되면 머지않아 한국사회도 베트남계 한국인, 몽골계 한국인, 중국계 한국인, 미국계 한국인, 프랑스계 한국인 등이 공존하는 다문화 사회가 될 것이 틀림없다.

선비정신은 한국인의 공동체 정신

한국인의 동질적인 문화적 정체성은 무엇인가?

오늘날까지 한국인들에게 체득되어 있는 동질적인 공동체 정신은 무엇인가?

한국인의 전통적 공동체 정신은 '선비정신' 또는 '선비문화'에 녹아 있다고 말할 수 있다.

선비는 고조선부터 사용해 온 한국인 고유언어이다.

한자가 나오기 전부터 선비라는 고유언어로 내려오다가 한자로 표기

될 때 선비가 선인(仙人) 또는 선인(先人)으로 기록됐다.

역사학자 한영우 교수의 연구에 의하면 선비는 원래 고대의 무교에서 출발한다.

삼국사기에는 '평양이 선인 단군왕검의 집'이라고 하여 '단군왕검'을 '선인(仙人)'으로 불렀다. 따라서 단군은 우리나라 최초의 선비로 기록되고 있는 것이다.

단군시대에는 도교, 불교, 유교가 있을 리 없었으므로, 선비는 곧 무교의 제사장이고 군장이고 임금인 것이다. 고대사회는 종교의 우두머리가 정치의 우두머리이다. 단군은 무당이고 선비이고 임금인 셈이다.

무당, 선비, 임금의 제사는 하늘에 지내는 제사이다.(祭天)

강화도 마니산의 참성단은 단군이 제사하는 곳으로 제천행사가 열린 곳이다.

단군은 왜 하늘에 제사를 지냈는가?

단군은 하늘의 후손으로 태어났으므로 하늘이 곧 부모가 된다.

그러므로 제천은 곧 부모에 대한 제사이다. 바로 제천보본(祭天報本)인 것이다.

제천은 근본에 대한 보답이므로 곧 부모에 대한 보답이고 부모에 대한 효(孝)이다.

단군뿐만 아니라 삼한시대, 삼국시대의 임금들도 제천행사를 통해 하늘 부모에 대한 보답을 행하였다. 그것이 삼한의 '소도'이고, 고구려의 '동맹'이고, 부여의 '영고'이고, 예맥의 '부천'이고, 신라와 고려의 '팔관회'이고 조선의 '환구단'이다.

한국인의 부모를 생각하는 효는 유교에서 유래한 것이 아니다. 한국인의 효는 제천보본에서 유래한 것이다.

우리나라의 '효'라는 단어는 영어로 번역할 수 없는 단어이다. 우리나라 사람은 효의 개념을 생활화하여 효라는 의미가 누구에게나 분명한 개념으로 다가오지만 우리의 효에 관한 개념이 서구에는 없기 때문이다. 효라는 말은 중국에서 유교가 들어오기 이전에 민간신앙으로 배태되어 유전자처럼 우리의 혈맥에 흘러내리고 있다. 고조선의 홍범8조의 기치 아래 효 사상은 우리 민족의 기본정서에 배어 있어서 한국인의 조상은 생활이 효이고, 정치가 효이고, 문화가 효였다.

증자가 편찬한 효경(孝經)이 중국에서 들어오기 전 한반도에는 토착경전인 '불설대보부모은중경(佛說大報父母恩重經)'이라는 효의 실천 텍스트가 있었다. 이 경전이 전하는 십게찬송(十偈讚頌)의 핵심내용은 아버지보다 어머니의 은혜를 강조하고 있다. 효경은 효도를 강조한 것인데 비하여 이 경전은 부모의 은혜를 강조하고 있으며 보은의 방법에서 다르다. 효경은 아래로부터 위쪽으로 효가 흐르도록 한 것이지만 '불설대보부모은중경'은 어버이 은혜에 대한 보은을 강조하여 쌍방적 자비의 윤리를 강조한다.

(십게찬송 내용: ① 나를 잉태하고 지켜주신 은혜 ② 해산에 즈음하여 고통을 감내하신 은혜 ③ 자식을 낳아 생긴 모든 근심을 잊으시는 은혜 ④ 쓴 것은 자신이 삼키고 단 것은 뱉어 먹여주시는 은혜 ⑤ 진자리 마른자리 갈아주시는 은혜 ⑥ 젖을 먹여 키워주시는 은혜 ⑦ 깨끗하지 않은 것을 씻어주시는 은혜 ⑧ 자식이 먼 길 갔을 때 걱정하시는 은혜 ⑨ 자식을 위해서라면 악업이라도 지으시는 은혜 ⑩ 자식을 늙어 죽는 날까지 끝

끝내 애처롭게 여기시는 은혜)

한국의 양주동 선생이 작사하여 오늘날 애창되고 있는 국민가곡은 십계찬송을 노랫말로 옮긴 것이라 생각된다. 한국인에게는 설득력 있는 감동을 주는 노랫말이다.

(노랫말: 낳으실 제 괴로움 다 잊으시고 기르실 제 밤낮으로 애쓰는 마음, 진자리 마른자리 갈아 뉘시며 손발이 다 닳도록 고생하시네. 하늘 아래 그 무엇이 넓다 하리오. 어머님의 희생은 가이 없어라.)

인류학자 토인비는 "만약 지구가 멸망하고 인류가 새로운 별로 이주해야 한다면 꼭 가져가야 할 제1의 문화가 한국의 효 문화이다."라고 눈물을 흘리면서 한국인의 효 제도를 찬양한 바 있다.

고조선 동이족의 일파인 기자족이 고조선에 와서 한 단계 더 진화된 문명을 건설한다. 모든 이에게 땅을 똑같이 나누어 주는 정전제(井田制)가 실시되고, 팔조교(八條敎)의 도덕을 펼친다. 그래서 공자가 고조선을 '군자국(君子國)'이라 부르고 고조선으로 이민 오고 싶어 했다는 기록이 『논어』에 나온다.

공자는 고조선의 선비문화를 군자문화로 기록하고 선비를 군자로 불렀다.

삼국시대에 이르러 선비는 국가에서 양성하는 종교적이고 무사적인 청소년 집단으로 진화한다. 그것이 고구려의 조의선인(粗衣仙人), 조의도(粗衣徒)이고, 백제의 수사도(修士徒)이고, 신라의 국선도(國仙徒), 선랑도(仙郞徒), 화랑도(花郞徒), 풍류도(風流徒), 풍월도(風月徒)이다.

이들은 하늘을 공경하면서, 국가를 위해 봉사하고, 부모에게 효도했으며, 친구 사이에 신의를 지키고, 생명을 사랑하고, 전쟁에서는 죽기를 각오하고 나라를 지켰다. 그들의 계율은 단군의 선비정신 곧 홍익정신을 계승한 것이다.

삼국시대에 도교, 불교, 유교가 들어왔고, 단군의 선비정신은 자연히 삼교(三敎)의 가르침과 융합되어 큰 국가공동체의 정신적 지주의 바탕이 된다.

이때 당나라는 신라를 '동방예의지국(東方禮儀之國)'으로 부르게 된다.

고조선 시대 공자가 부른 '군자국'이 신라시대에 '동방예의지국'으로 진화한 것이다.

고려시대에도 선비정신은 그대로 이어졌으며 종교적 무사적 집단도 그대로 존속했다.

고려 말기에는 한층 세련된 유교문화가 국가정치를 이끄는 새로운 이념으로 자리잡는다.

고려시대에 과거제도가 시행되고 시험으로 등용된 문관의 지위가 상승하면서 종교적, 무사적 공동체는 문사적 문화사회로 진화한다.

고려 태조 왕건의 훈요십조(訓要十條)에 선비정신이 담겨 있고, 고려의 국가적 축제였던 팔관회 제천행사에도 선비정신이 계승됐다.

조선시대에 들어와서 선비정신은 한층 세련된 유교문화와 성리학이 융합하여 한 단계 진화한다.

원래 선비는 문사와 무사 모두를 가리키는 말이었는데 문사 쪽으로 무게가 이동하면서 선비라고 하면 유학자를 떠올리는 시대가 됐다. 하지만 실제로는 유학자인 지식인만 선비가 아니라 나라를 지키는 무인도 선비였으며 지식인 여자 선비까지 포함하여 선비라는 범주에 들어간 것이다.

조선에서는 민간선비단체인 향도(香徒)와 두레(또는 사장(社長)이라고도 함)가 존속되어 선비공동체의 풍속이 뿌리를 내린다. 향도는 계(契)를 조직하여 종교공동체인 동시에 향촌의 장례식을 주관해 주는 장례공동체로 기능했고, 두레는 협력공동체인 동시에 오락공동체로 기능하여 조선의 놀이문화의 뿌리가 됐다. 특히 협력공동체인 두레는 놀이문화를 주도하면서 군사무예를 익혔으므로 국가의 유사시에는 의병(義兵)이 되어 싸울 수 있는 능력도 생겼다. 외침으로 생긴 국가적 위기에 맞서기 위해 의병이 자발적으로 형성되어 국가를 지킨 것은 우연이 아닌 것이다.

이러한 재야선비조직은 시대변천에 따라 강인한 생명력을 지니면서 향도는 '상두꾼'으로 불리면서 주로 장례공동체 일을 담당하게 되었고, 두레는 '두레패'로 불리면서 농촌 품앗이 협업공동체와 오락공동체로서 대중의 사랑을 받는 직업공동체로 변신하였다. 그 후 돈을 받고 노동을 제공하고 오락을 제공하는 집단으로 기능하면서 근대사회와 만나게 된다.

민간선비공동체가 대중을 상대로 하는 직업공동체로 변신하는 반면, 조정의 유학자들은 향촌공동체 조직으로 '향약(鄕約)'을 만들어 추진했다. 향약은 동네주민의 생활규범으로 중심규약은 덕업상권(德業相勸: 옳은 일, 덕 쌓는 일은 서로 권하자), 과실상규(過失相規: 그른 일, 잘못하는 일은 서로 말리자), 예속상교(禮俗相交: 사귈 때는 서로 예의를 지키며 사귀자), 환난상휼(患難相恤: 병들고 어려운 일에는 서로 도와주자)의 네 가지 기본규약이다.

지식인 유학자 사이에는 학문공동체로 학파가 형성됐고, 정치공동체로서 붕당이 만들어졌고, 조정의 선비들은 '임금은 오직 백성을 위해 존재한다'는 민본정치(民本政治)를 추구했다. 선비들은 "백성은 국가의 근본이고 군주의 하늘이다"라고 기록한 삼봉 정도전의 『조선경국전』을 펼쳐 들었던 것이다.

조선 후기에는 민본사상이 한 단계 더 진화하여 만인의 평등을 추구하는 대동사회(大同社會)를 지향하기 위해 정치, 경제, 사상의 탕평(蕩平)을 추구했다. 선비들이 이상으로 삼은 사회는 대동사회이다. 공자는 『예기』에서 "천하는 공공의 것이다."라고 말했다. 공자는 "어질고 능력 있는 자를 뽑아 신의를 가르치고 화목을 닦게 하니 사람들은 자신의 부모만을 부모로 여기지 않았고, 자신의 자식만을 자식으로 여기지 않았다."라고 말했다. 공자는 자신의 부모나 자식만을 식구로 여기지 않는 천하일가(天下一家) 사상을 폈던 것이다.

조선 후기의 경제적 탕평이 균역법(均役法)과 대동법(大同法)으로 나타났고, 사상적 탕평이 북학(北學)과 실학(實學)으로 나타났다.

근대문명이 들어 온 19세기 후반의 개화사상은 전통선비정신의 진화를 초래하여 동도서기(東道西器), 구본신참(舊本新參), 법고창신(法古創新)의 개화정책을 펴기 시작했다. 이는 철학, 종교, 도덕, 윤리, 정치는 우리의 것을 지키고 기술문명은 서양의 것을 받아들인다는 정책이었다.

하지만 당시의 국제정세는 문화가치로 좌우되지 않았다.

오히려 군사력과 기술력과 경제력으로 좌우되는 힘의 논리가 승패를 결정하는 시대였다.

약육강식이 정당화되었던 시대에 일제강점기가 시작됐고, 한국인의 선비정신은 독립운동으로 표출되어 3·1운동의 바탕이 됐고, 대한민국 임시정부의 건국강령에 반영됐다. 선비정신은 약육강식을 정당화하지 않고, 그 반대편에 서서 평화, 상생, 공존을 줄기차게 외쳤던 것이다.

1948년 한국인은 서구의 자유민주주의를 우리의 전통적 선비정신과 접목시켜 대한민국을 탄생시켰다.

오늘날 대한민국은 지구촌 10대 경제대국에 올라섰다.

이제 경제대국, 기술대국, 군사대국의 경지에 올라서게 된 것이다.

이것을 외국인의 눈으로 볼 때 '한강의 기적'이라고 볼 수 있겠지만, 이것은 '기적'이 아니라, 수천 년간 쌓아온 한국인의 문화적 유전인자인 선비문화의 체질이 창조해 낸 결과로 보아야 할 것이다.

내적으로 축적된 〈선비정신〉, 〈선비문화〉라는 우리 전통정신문화의 뿌리 깊은 정체성이 없었다면 물밀 듯이 닥쳐 들어온 서구문화를 소화해 내지 못하고 동화되어 버렸을지도 알 수 없다.

그러나 오늘날 우리에게는 해결해야 할 문제가 아직 남아 있다.

우리 내면의 전통문화와 외부에서 들어온 서구문화를 융합하는 과정에서 우리는 우리 것을 너무 경시하여 잊어버리고 서구문화에 너무 의존하는 경향을 배제할 수 없는 점이다.

경제대국, 기술대국, 군사대국을 건설하기 위해 서구문화와의 융합을 꾀하여 우리의 전통생활양식은 엄청난 변화를 가져왔다.

예를 들면 한옥을 허물어 양옥을 짓고, 거기에 온돌을 넣어 난방을 만들고, 서구음식을 활용하여 퓨전음식을 만들고, 판소리와 오페라가 합쳐진 '판페라'를 연주하고, 서양의학이 들어오고, 양의학과 한의학의 접목을 꾀하고, 한복을 입기보다는 서구식 옷을 즐겨 입고, 우리가 사는 의식주의 대부분이 서구식으로 진화됐다. 이러한 진화는 전통의 것을 '체(體)'로 하고 서구의 것을 '용(用)'으로 하여 융합을 꾀한 결과이다.

한국인의 정치의식, 시민의식, 문화의식

오늘날 우리는 지구촌 경제대국, 기술대국, 군사대국이 됐지만, 거기에 걸맞은 시민의식, 정치의식, 문화의식은 많이 부족한 측면이 있다.

예를 들어 우리의 정치는 서구적 외피는 갖추고 있지만, 진정한 자유민주주의 본질을 향유하기 위한 정치인의 의식은 턱없이 낙후되어 있는 것이다.

오히려 조선시대보다 더 낙후된 모습을 발견하게 된다.

조선시대를 잘 살펴보면 우리의 기록문화, 토론문화, 언론문화, 권력분산문화, 사회통합문화, 약자배려문화의 제도적 장치는 지구촌에서 가장 우월한 제도를 가지고 있었다는 걸 발견하게 된다.

민주주의의 중요한 요건으로는 최고통치자의 절대적 권력행사를 견제하는 제도적 장치의 마련을 든다. 이런 요건으로 본다면 조선시대는 민주주의적 요건을 갖춘 정치권력의 배분이 확실하게 성립되었던 시대다. 조선시대는 유학사상을 국가적 지도이념으로 수용했다. 유학사상은 매우 강한 민주주의적 요소를 지니고 있다. 과거로 인재를 선발했고 최고의 지식과 강인한 실천력을 갖춘 지식인들이 정부운영의 핵심적 역할을 담당했기 때문이다.

조선시대의 왕은 절대적 위상을 갖지 못했다. 왕과 신료 사이에 권력 균형을 유지했던 조선은 선거제도는 없었지만 그 당시의 시대적 상황을 고려해 볼 때 지구촌 민주주의의 모범이었다고 할 수 있다. 이러한 정치현상은 고려시대에서도 발견할 수 있다. 고려 성종 때 최승로는 국왕에게 유학이념에 따라 나라를 다스릴 것을 제안했고 성종은 이를 수용했다. 성종 이후 고려는 법과 제도에 따라 중요한 사안이 처리되는 나라라는 면모를 보였다.

한국 역사에서 민주주의 요소는 삼국시대에도 발견된다. 고구려 시기에 28명의 국왕 중 3명이 신하에 의해 권좌에서 쫓겨났다. 세 번의 국왕 교체사건에는 공통점이 있다. 최고 상위급 신하가 국왕축출운동을 주도했고, 국왕이 포악한 정치로 백성을 도탄에 빠트린 것이 정변의 명분이었으며, 거사성공 이후 주동자가 왕위에 오르지 않고 반드시 왕실 혈통을 차기 국왕으로 옹립했다는 점이다. 이런 거사는 고려시대와 조선시대에도 계승되었다. 한국의 역사에서는 포악한 국왕의 절대권력에 맞서 신하들이 반기를 들었고, 거사의 핵심 목표는 백성을 임금 위에 두고자 하는 민본주의에 있었다. 조상의 역사를 통하여 오늘날 한국인은 한국의 과거 수천 년 동안 존재해 온 자생적 민주주의 전통을 재발견할 수 있는 것이다.

정치제도 하나만 보면 조선시대 이전은 세습왕조제도였고, 지금은 선거를 통해 권력자를 뽑는 민주정치제도다. 정치제도의 근본이 바뀌고 진화했다.

그런데도 정치인들이 조선시대보다 못한 정치의식을 갖고 있다는 것은 무엇을 의미하는가?

그것은 국가공동체의 공익(公益)을 앞세우는 선비정신, 선비문화, 공동체 정신의 빈곤을 나타내는 것이다.

오늘날 대한민국에는 작은 공동체는 수없이 많다. 작은 '동아리' 작은 '패거리'는 헤아릴 수 없이 많으나 그들은 모두 사익(私益)을 추구하는 공동체들이다.

작은 공동체들은 약자를 더욱 약자로 만들고 강자를 더욱 강자로 만든다. 오직 자기들이 소유한 기득권을 지키고 이익을 더 키우기 위해 광분하고 있다. 뿐만 아니라 작은 공동체의 이익단체들이 서로 부딪치면서 갈등, 대립, 투쟁을 증폭시키고 있다. 대표적인 케이스가 정치갈등과 노사갈등, 빈부갈등과 세대갈등이다.

오늘날 우리는 작은 공동체에서 벗어나서 더 큰 공동체를 생각하는 정치의식, 시민의식, 문화의식을 가져야 한다.

'나' 중심의 서구문화, '우리' 중심의 한국문화

서구문화는 기본적으로 '나' 중심의 세계관을 가지고 있다.

한국인의 선비문화는 기본적으로 '우리' 중심의 세계관을 바탕으로 한다.

오늘날 우리나라에 필요한 것은 '나' 중심의 작은 공동체의 난립이 아니라, '우리' 중심의 큰 공동체 출현이 꼭 필요하다.

만민을 포용하고 홍익정신을 기릴 수 있는 큰 공동체의 출현이 반드시 필요하다.

한국인이 서구로부터 수입한 '나' 중심의 세계관을 극복하고 한국적 전통 세계관인 '우리' 중심의 세계관으로 복귀하기 위해서 한국적 철학, 한국적 종교, 한국적 학문의 세계는 존중돼야 할 것이다.

천지인이 하나의 생명체이며 우리가 살고 있는 자연환경, 지구촌, 우주 전체가 생명공동체라는 철학은 우리가 서구에 수출해야 할 우주관이다.

지난 120여 년에 걸쳐 서구를 쫓아가기에 여유가 없었던 한국인은 이제 대한민국이 더 이상 변방국가가 아니라 세계사를 이끌어 갈 수 있는 중심국가로 탈바꿈을 시작하였음을 자각해야 한다.

역사의 중심축은 항상 바뀌고 있다.

이제 서구에서 동아시아로 무대가 바뀌고 있는 것이다.

우리나라가 〈선비정신〉, 〈선비문화〉를 되찾아 우리의 전통학문을 되살리고 지구촌에 수출하는 사회를 만들어 나간다면 대한민국은 다시 공자가 고조선에게 호칭하였던 '군자의 나라' 그리고 당나라가 통일신라에게 호칭했던 '동방예의지국'이라는 영광을 되찾을 수 있을 것이다.

선비의 어원

선비는 순수한 우리말이다.

한자를 사용할 때에 고대인들은 선비를 선인(仙人) 또는 선인(先人)으로 기록했다.

선인은 산인(山人)을 가리키기도 하고 신선(神仙)을 의미하기도 한다.

후한의 허신이 지은 『설문해자(說文解字)』에는 선(仙)이란 산(山)과 인(人)이 합쳐진 글자라고 설명했다.

기록에 따라 先人(선인)을 仙人(선인)으로 기록하기도 하여 둘은 서로 같은 뜻을 가진 것으로 본다.

선비를 원음에 가깝게 표현 것은 선비족(鮮卑族)일지도 모른다는 연구 결과도 있다.

선비족은 선비산(鮮卑山)에 모여 살아 그렇게 부른다.

이들은 중국의 요서지방에 살던 종족으로 처음에는 고구려를 침범하여 갈등을 일으켰으나 고구려 태조왕 때(AD121) 고구려에 복속됐다. 선비족은 거란족, 말갈족 등과 함께 동이족의 한 갈래로 언어, 풍속이 고조선족과 공통점이 많았는데 모두 고조선 출신이다. 그들이 자신들을 선비로 부른 것은 고조선의 영향을 받은 결과일 것이다.

언어학자들은 몽골어에서 발음 '션'은 '어짊, 어질다'를 뜻하고 몽골어와 만주어에서 발음 '비'는 지식이 있는 사람을 뜻하는 단어이기에 알타이게 언어인 몽골어와 만주어에서 유래했다는 설을 주장한다.

일제강점기 민족주의 역사가 신체호는 『조선상고사』에서 '선비'라는 말은 고구려 사람들이 조의선인을 '선배'라고 불렀는데 '선비'는 '선배'의 음 변화에서 유래했다고 설명한다.

'선배'는 고조선시대부터 내려오던 우리나라 고유의 종교인 '신수두' 교도의 보통명칭으로 3월과 10월에 '신수두' 축제를 하면서 '선배'를 뽑았다고 설명하고 있다. 선비는 가문을 가리지 않고 뽑았으므로 미천한 신분에서 많은 선비가 배출되었고 그만큼 폭넓은 인재선발제도를 가지고 있었다는 것이다.

한국인 최초의 선비

중국인의 도교는 노장사상에서 나왔다. 따라서 중국의 신선은 노장사상 및 중국도교와 관련이 깊다.

한국인의 신선사상은 중국의 노장사상이나 중국도교와는 무관하다. 시간적으로 고찰해 보면 한국의 신선사상이 훨씬 앞선다. 따라서 고조선의 신선사상이 중국으로 넘어가서 도가사상의 씨앗을 제공해

줬다는 연구결과도 있다.

한국인의 신선(神仙) 또는 선인(仙人)의 뿌리는 단군왕검이다. 『삼국사기』에 보면 "평양은 본래 선인 왕검이 살던 집(平壤者本仙人王儉之宅也)"으로 표기하고 있다. 단군은 우리나라의 최초의 선인 즉 선비가 되는 셈이다.

단군을 우리나라 최초의 선비로 보는 관점은 조선시대에도 그대로 이어진다. 조선의 홍만종(1643~1725)이 지은 『해동이적』은 우리나라 역대 신선의 전기를 모은 신선열전이다. 이 책에 최초의 신선은 단군으로 기록되어 있다. 홍만종은 중국의 도교와 우리나라의 도교는 뿌리가 전혀 다르다는 것을 강조했다.

중국도교의 뿌리는 노자, 장자이고, 우리나라 해동도교의 뿌리는 단군이다.

중국도교와 해동도교가 불로장수의 신선이 되려는 목표는 비슷하다.

다만, 중국도교는 불로초라는 단약(丹藥)을 먹어 신선이 되려고 추구한 반면, 해동도교는 산수(山水)의 기(氣)를 호흡해서 수련을 행하여 신선이 되기를 추구했다.

해동도교는 단전호흡에 역점을 두는 수련도교임을 의미한다. 해동도교는 우리나라의 아름다운 자연환경에서 우러나온 수련도교이며 사상도교임을 홍만종은 짚어 냈던 것이다.

우리나라 최초의 종교

고대 우리나라 최초의 종교는 선교(仙敎)라고 불렀다. 이것이 후에 신교(神敎)로 진화된다.

그래서 유(儒), 불(佛), 선(仙)이라는 말이 생겼다.

신라시대에 쓰인 '선사(仙史)'라는 책이 있었는데 이는 '선교의 역사' 또는 '선비의 역사'라는 뜻이다.

고대 우리나라 종교 선교(仙敎)는 조선시대 이후 신교(神敎)라는 칭호로 널리 불렀다. 신을 숭배하는 종교라는 뜻이다. 조선의 이종휘는 "환웅이 신으로서 교를 만들었다(以神設敎)"고 기록했다. 이를 신교(神敎)로 불러 한국 고유의 민족종교로 보았던 것이다. 환웅이 시행한 홍익인간 정신이 바로 신교의 내용이라 설명했다.

일제강점기 민족주의 역사가 신채호는 선비정신을 낭가사상(郎家思想)으로 부르기도 하고, 선교(仙敎)라고 부르기도 하고, 신수두교라고 부르기도 했다.

최남선은 선비정신을 '불함문화(밝음 또는 태양을 숭상하는 문화)'로 불렀고, 이능화는 선비정신은 한국도교(해동도교)와 관련이 있다고 설명했다.

풍류도와 화랑도

풍류도는 최치원이 지은 '난랑비서(鸞郎碑序)'에 "나라에 현묘한 도가 있는데 이를 풍류라고 한다."라고 기록되어 있는 것이 근거다. 풍류는 부루와 음이 서로 비슷하여 단군의 아들 부루가 만든 도라는 뜻으로도 해석한다.

화랑도라는 말은 낭도들이 머리에 꽃을 달고 다녔기 때문에 붙여진 이름이다. 원래는 신라의 꽃다운 소녀들로 구성된 '원화(源花)'라는 공동체가 있었는데 진흥왕 37년(576)에 이를 바꾸어 미모의 소년들로 구성된 '화랑(花郎)'을 선발했다.

신라의 최치원은 '난랑비 서문'에 이렇게 밝히고 있다.

"나라에 현묘한 도가 원래 있었으니 이를 풍류라 한다. 풍류의 도는 가르침을 세울 근원이 선사(仙史)에 상세히 구비되어 있다. 실로 유불도의 가르침이 이미 포함되어 있으니, 이를 접화군생(接化群生)이라 한다. 집에 들어서는 부모에게 효도하고 밖에 나가서는 나라에 충성하니 노나라 공자의 가르침이 들어있고, 말없이 그러함을 무위로 교화하니 노자의 가르침이 들어있고, 모든 악을 행하지 않고 모든 선을 받들어 행하니 석가의 가르침이 포함되어 있도다."

바람은 그 흐름에 있어 피하지 않고, 머물지 않고, 지나치지 않고, 쉬지 않는다. 아무리 어려운 일이라도 피하지 않는 바람의 정신은 도전의 정신이다. 어떠한 것에도 머물지 않는 바람의 정신은 개척의 정신이다. 아무리 사소하더라도 소홀히 지나치지 않는 바람의 정신은 주인의 정신이다. 쉬지 않고 끊임없이 움직이는 바람의 정신은 소명의 정신이다. 풍류도는 그 내용에 도전의식, 개척의식, 주인의식, 소명의식이 뿌리를 내리고 있다.

한국의 풍류도는 중국에서 유교, 불교, 도교가 한반도에 전해지기 전부터 우리나라에서 예로부터 발생한 전통사상이다. 한국인에게 전승되어 온 한민족 고유의 선도(仙道-仙敎)에 그 근원을 두고 있다. 또 신선사상과 천지신명사상이 융합되어 천지자연과 인간이 하나가 되고 일체의 생명과 격의 없이 어울리는 천지인 합일사상으로 진화되었다. 그리고 사회 지도층이 반드시 체득해야 하는 실천덕목으로 계승되어 왔다.

풍류정신은 우리 민족 고유의 천지신명사상에 유교의 수기안인(修己安人)정신, 불교의 보살중생(菩薩衆生)정신, 도교의 무위자연(無爲自然)정신이 하나로 융합된 사상이다. 풍류정신의 천지신명사상은 고조선의 건국이념에 나타나 있는 단군의 홍익인간(弘益人間)정신, 제세이화(濟世理化)정신, 성통광명(性通光明)정신에 맞닿아 있는 것이다.

- '널리 이롭게 하여 인간생활을 복되게 하라.'
- '세상을 교화하여 자연이치와 하나되게 하라.'
- '하늘이 내린 인간 본성을 밝혀 더욱 빛나게 하라.'

라는 단군 국조의 건국이념은 삼국을 통일한 신라의 '화랑정신'에 투영되었고, 훗날 고려를 건국한 왕건의 '훈요십조'의 근간이 되었으며, 정도전과 이성계가 역성혁명을 할 때 백성이 나라의 주인임을 선포한 조선 '경국대전'의 기본정신이 되었다. 그리고 조선 중기에 꽃피운 '조선실천성리학'의 대강이 되었던 것이다.

최치원은 화랑정신을 '나라의 현묘한 도'라고 말하고, 그 호칭을 '풍류'라고 설명한다. 최치원은 풍류의 정신은 유교, 불교, 도교, 등 삼교(三敎)의 가르침을 이미 포함하고 있다고 보았다. 최치원은 '풍류도'는 외래사상이 아니고, 우리나라 고유의 전래사상임을 확인해 준다.

동이(東夷)의 뜻

고대 중국인의 눈에 비친 한국의 선비문화는 어떤 것이었을까?
중국인들은 주변 민족을 그들의 주관적인 생각에 따라 별칭으로 부르는 것을 좋아했다.

북방족을 북적(北狄)으로
남방족을 남만(南蠻)으로
서방족을 서융(西戎)으로
동방족을 동이(東夷)로 부른 것이 그것이다.

그 의미는

북적은 도둑 같은 사람들이고

남만은 벌레 같은 사람들이고

서융은 무기를 가진 사람들이고

동이는 큰 활을 잘 다루는 사람들이다.

후한시대 허신이 만든 『설문해자(說文解字)』에 따르면 이(夷)는 대(大)와 궁(弓)을 합친 글자라고 설명한다. 그러니까 '큰 활을 가진 사람' 또는 '큰 활을 잘 쏘는 사람'이라는 뜻이다.

실제로 동이족은 활을 잘 만들고 잘 쏘는 민족임이 역사적으로 증명된다. 고구려 고분벽화에 보면 말을 타고 활을 쏘며 사냥하는 그림이 나타난다. 예부터 일본인은 칼을 잘 쓰고, 중국인은 창을 잘 쓰고, 한국인은 활을 잘 다루는 민족이다.

중국인들이 부른 원래의 '동이'라는 말에는 본래 경멸의 뜻이 없다.

훗날 중국인들이 한자의 뜻을 바꾸어 '이'라는 글자를 '오랑캐'로 풀이했는데 이는 송나라를 침공한 북방족의 한 부류를 가리키는 것으로 침략자를 비하하기 위해 이렇게 부른 것이다.

공자가 본 동이문화

유교의 창시자인 공자는 기원전 5세기 노나라 곡부(曲阜) 사람이다.

곡부는 지금 산동성의 성도인 제남시 남쪽에 있다. 이곳은 화하족(華夏族)과 동이족(東夷族)이 뒤섞여 살고 있었다. 공자는 자기의 도를 실현하기 위해 여러 나라를 찾아다녔으나, 아무도 그를 알아주지 않자, 자신의 고향인 구이(九夷)의 나라로 이주하고 싶어 했다. 구이는 어디인가? 후한서(後漢書) 지리지(地理誌)에 의하면 '구이'는 '조선'이라고 설명하고 있다. 즉, 고조선이다.

공자는 『논어』 자한편에서 조선에는 군자가 살고 있으니 '군자의 나라'라고 말했다. 이로부터 조선은 '군자국(君子國)'이라는 칭호를 얻게 된 것이다.

한대(漢代)의 『산해경(山海經)』은 "동방에 군자의 나라가 있고, 불사지민이 있다."라고 기록했다.

동방삭이 지은 『신이경(神異經)』은 동이족의 풍속을 한층 구체적으로 소개했다. "항상 공손하여 서로 다투지 아니하고, 서로 존경하여 헐뜯지 아니하고, 다른 사람의 어려운 일을 보면 죽음을 무릅쓰고 구해준다. 이름하여 군자국이라 한다."라고 설명했다.

『한서』, 『후한서』, 『삼국지』 동이전에는 부여, 고구려, 동예의 풍속을 전하면서 "가을에 지내는 제천행사가 매우 성대하여 전 국민이 춤과 노래를 즐긴다"라고 선비문화를 바탕으로 한 종교행사를 기록했다.

중국의 은나라는 본래 화하족이 아닌 동이족이 세운 국가라는 것이

고고학계의 연구결과로 검증됐다. 사마천이 쓴 『사기』의 '공자세가'에 보면 공자는 임종 직전에 "나는 원래 은나라 사람이었다."라는 말을 남기고 서거한다. 이 말은 공자가 동이족임을 증험하는 말이다.

중국인으로 잘못 알려진 요임금, 순임금, 백이, 숙제, 강태공, 공자, 묵자, 맹자 등은 동이족 출신이다. 여러 기록들을 종합해 보면 동이족의 성품은 이렇게 내용이 정리된다.

- 성품이 착하고 생명을 사랑한다.
- 남의 어려움을 도와주는 공동체 정신이 아주 강하다.
- 본향인 하늘에 대한 제천행사가 매우 성대하다.
- 춤과 노래를 좋아하고 자연을 사랑한다.
- 효 정신이 매우 강하다.

중국 당·송이 본 우리나라

당나라에서는 통일신라를 '동방예의지국(東方禮儀之國)'으로 불렀다.

공자가 부른 '군자국'에서 한 단계 더 진화하여 '동방예의지국'이 된 것이다.

여기에서 '예의'는 단순히 좁은 의미의 예절을 말하는 것이 아니다. 이 시대의 '예의'는 문화 전반의 선진성을 표현한다. 선비들이 살고 있는 '선진문화대국'이라는 의미인 것이다. 다른 말로 표현하면 '선비문화의 나라'라 가 된다.

당나라에서는 신라에서 간 사신들을 외국사신들 가운데 가장 윗자리에 배치하는 것이 관행이었다.

송나라도 고려의 사신을 조공사(朝貢使)로 부르지 않고 국신사(國信使)로 불렀다. 송나라는 고려를 '선비문화대국'으로 대접했던 것이다.

중국인들은 우리나라 고대와 중세의 문화를 풍속의 차원에서 관찰하고 이런 풍속을 가진 나라를 '군자의 나라' 또는 '동방예의지국'이라고 높게 이해하였지만, 그 속에 담겨 있는 종교적 신앙형태나 가치체계를 깊이 있게 관찰하는 데는 한계가 있었다.

『삼국유사』 등 한국 측 기록을 보면 '군자'의 풍속과 '예의지국'의 가치를 만들어낸 숭고한 가치관이 존재했음을 확인할 수 있다. 그 가치관이 바로 〈선비정신〉, 〈선비문화〉로서 고조선의 건국역사인 초대 단군에서 그 원초적 형태를 발견할 수 있다.

단군 역사의 내용을 잠깐 살펴보자.

"환인(하느님)의 아들 환웅은 자주 하늘 아래의 인간 세상을 구하려고 했다. 아버지는 아들의 뜻을 알고 삼위태백(三危太伯)을 내려다보니 홍익인간(弘益人間) 하기에 적합한 곳이었다. 그래서 천부인(하느님의 도장) 3개를 주고 이를 가지고 다스리라고 했다. 환웅은 3천 명의 무리를 이끌고 태백산 꼭대기 신단수(神壇樹) 아래로 내려왔다. 이곳을 일러 신시(神市)라 하며, 이분을 일러 환웅천왕이라 한다.

환웅천왕은 풍백(風伯), 우사(雨師), 운사(雲師)를 데리고 곡식, 생명, 질병, 형벌, 선악을 주관했는데, 무릇 인간에 관한 360여 가지의 일을 주관했으며, 인간 세상을 이치(理致)로 다스렸다. (중략)

웅녀는 함께 혼인할 상대가 없었다. 그래서 매일 신단수 아래에 가서 잉태를 하게 해달라고 빌었다. 그래서 환웅은 잠시 사람으로 변하여 웅녀와 혼인하고 아들을 잉태하여 낳으니, 이름을 단군왕검이라고 했다."

단군 역사에 나오는 '천부인'에 대해서는 대종교에서는 거울, 북, 칼로 해석하고 천도교에서는 거울, 방울, 칼로 해석한다. 거울을 통해 하늘을 보고, 북(방울)소리를 통해서 하늘의 소리를 듣고, 칼로서 온갖 악귀를 물리친다는 상징성이 있다.

단군 역사에서 우리가 발견할 수 있는 내용은 고조선의 건국주체, 건국장소, 건국이념을 알 수 있다는 것이다.

건국 주체는 환인, 환웅, 그리고 단군이다.

여기서 환인은 천신(天神)을 상징하고, 환웅은 지신(地神)을 상징하고, 단군은 최초의 인간을 상징한다.

즉, 천지인(天地人)이 주인이 되어 조선을 건국한 것이다.

단군을 낳은 왕비족은 곰을 숭상하는 웅족과 호랑이를 숭상하는 호족이 경쟁하다가 곰을 숭상하는 웅족이 승리하여 왕비족이 된 것이다.

건국 장소는 대륙의 요하 서쪽에 있는 의무려산이 태백산으로 불린 것으로 보아, 이 일대를 고조선의 발상지로 보고 있다. 이 일대의 문화를 홍산문화(紅山文化) 또는 요하문명(遼河文明)이라고 부른다. 중국의 황하문명보다 1,500~2,000여 년이 빠르다.

　단군(檀君)이라는 기록은 이승휴의 『제왕운기』를 비롯하여 조선시대 이후의 모든 기록에서 단군(檀君)으로 쓰고 있다. 그 후의 역사서에는 단군(檀君)으로 통일하여 쓴다.

고조선의 건국이념

　고조선의 건국이념은 홍익인간으로 집약된다.

　환인의 아들 환웅이 땅으로 내려온 목적이 홍익인간이기 때문이다.

　홍익인간 철학에는 인간공동체와 우주공동체 정신이 들어있다.

　홍익인간 철학은 포용적이고 대승적이며 상생적인 조화 사상이다.

　한국인은 환인, 환웅, 단군의 천신, 지신, 인신을 합해서 삼신이라 부르고, 이 삼신을 하나로 본다. 삼신일체다. 그래서 '삼신할머니'라는 단수 호칭이 내려온다. 이는 곧 우주는 하나의 공동체라는 인식으로 이어진다.

　한국인의 삼신일체(三神一體) 사상은 민간풍속으로 전해져 온다. 철학적으로 보면 다원적 일원론(多元的一元論)사상이다.

　한국인의 다원적 일원론 사상은 이를 계승한 무교(巫敎), 신교(神敎) 철학뿐만 아니라, 불교, 유교 철학에서도 바탕 이론으로 발견된다.

　불교에서는 유와 무의 이분법으로 사물을 보는 것을 가장 수준이 낮은 범부의 것으로 보고 이는 진짜가 아닌 가짜라고 설명한다. 이분법적 사고에서 완전히 해탈하는 진리가 진짜라는 것이다.

〈법화경〉에서 말하는 '일즉다 다즉일(一卽多 多卽一)'의 논리, 〈화엄경〉에서 말하는 '색즉시공 공즉시색(色卽是空 空卽是色)' 등이 불교의 논리이다.

이치와 현상을 하나로 보고, 사물과 사물이 아무런 구애를 받지 않고 하나로 이어져 있다고 보고, 눈에 보이는 것이 허공이고, 허공이 곧 눈에 보이는 현상이라는 논리이다. 모든 것을 대립으로 보지 않고 하나로 보고 있는 논리이다.

하나가 전체이고 전체가 하나라는 것이다. 눈에 보이는 모든 사물은 하나이다. 눈에 보이지 않는 모든 이치도 하나이다. 이치와 현상도 하나이다.

유교의 성리학에서 설명하는 이(理)와 기(氣)는 둘이면서도 하나이고, 하나이면서도 둘로 보는 이원적 일원론(二元的 一元論)을 따른다. '이'를 떠나 '기'가 있는 것이 아니고, '기'를 떠나 '이'가 있는 것이 아니기 때문이다. 성리학에서는 우주와 인간을 한 몸으로 본다. 우주 속에 인간이 있고, 인간 속에 우주가 들어있다는 물아일체론(物我一體論)을 편다. 따라서 인간은 소우주로 불린다.

이원적 일원론(二元的 一元論)은 정(情)의 논리이다.

정에는 따뜻하고 순박하고 나누고 살피고 보듬는 아름다운 공동체 정서가 스며 있다. 한국인의 공동체적 가치관을 언어적으로 잘 보여주는 표현이 '우리'라는 표현이다. '내 마누라'가 아니라 '우리 마누라'라고

하고 '내 남편'이 아니라 '우리 남편'이라고 하고, '내 집'이 아니라 '우리 집'으로 말하고 '내 나라'가 아니라 '우리 나라'라고 말한다.

한국인은 '우리'의 범주를 넓게 가져 우주 만물을 '우리' 속에 품어 안을 수 있다.

다원적 일원론

한국의 전통문화를 대표하는 무·불·유·도(巫佛儒道)가 서로 다른 가치관을 가지고 있으면서도, 서로 이해하고 절충하고 포섭하는 관계로 발전할 수 있었던 것은 다원적 일원론의 공통분모를 가지고 있었기 때문이다.

불교와 우리나라 전통 선비무교와 융합한 사례는 우리나라에 있는 절에 가보면 그대로 남아 있다. 사찰의 입구에 장승을 세워둔 것이나 사찰마다 산신당, 삼성당, 칠성단, 명부전 등을 부처님을 모신 대웅전보다 위쪽에 두고 있는 것이다.

유교에서도 향교, 서원에는 반드시 강학 공간과 제향 공간을 같이 두고 있다. 제향 공간은 강학 공간의 위쪽에 모셔 둔다. 우리나라의 전통 선비문화는 유교와 융합할 수 있는 가능성이 매우 높았다. 유교가 표방하는 충효(忠孝)사상은 선비문화의 제천(祭天)사상과 흡사했다. 다만 유교의 충(忠)은 군주에 대한 충성이 핵심이지만 전통 선비문화에서의 충(忠)은 국가에 대한 충성이 핵심이었다.

선비문화에서의 국왕은 정치적 대표자일 뿐 백성 위에 군림하는 초월적 존재가 아니었다. 고구려의 제가회의(諸家會議), 백제의 정사암회의(政事嚴會議), 신라의 화백회의(和白會議)가 보여주는 것이 사례다. 귀족들은 만장일치를 통해 국사를 결정하고 국왕은 이를 집행했던 것이다.

귀족회의가 다수결이 아니라 만장일치를 따른 것은 찬반의 이원론을 극복하자는 뜻이 담겨 있다. 다수결은 다수의 찬성자가 소수의 반대자를 배제하는 의미가 있으므로, 이것은 갈등을 그대로 품고 가는 경우가 생긴다. 그래서 만장일치의 합의제를 따른 것이다. 또한 만장일치에 이르려면 반대자를 설득하고 이해시키기 위해 끊임없이 대화하고 토론하여 공동선을 창조해야 한다.

고려시대와 조선시대에는 재상합의제(宰相合議制)가 중추를 이루었다. 국왕과 신하들의 합의로 운영되는 군신공치(君臣共治)의 정치는 삼국시대, 고려시대, 조선시대의 일관된 정치시스템이었다.

특히 조선시대는 언로(言路)를 매우 중하게 여겨 정치참여자의 범위를 확대하여 소통(疏通)의 기회를 넓혔다. 백성들이 글을 써서 민의를 전달하는 상소(上疏)와 임금에게 직접 징을 치고 나가 억울한 일을 하소연하는 격쟁(擊錚)제도가 바로 그것이다. 조선은 민본정치를 추구한 '선비민주주의'가 실천된 나라였던 것이다.

한국철학과 서양철학의 차이점

한국철학의 바탕은 일원론(一元論)이고 서양철학의 바탕은 이원론(二元論)이다.

서양철학의 원천 가운데 하나인 그리스 신화의 주제를 보면, 죽음과 삶, 악과 선, 육체와 정신, 전쟁과 평화의 대립관계로 구성되어 있다.

서양에서 태어난 그리스도교(기독교)는 선악이분법(善惡二分法)에서 출발한다. 인류는 선악의 대립관계에서 진화하고 있다. 아담의 후손 카인과 아벨 형제는 각각 악과 선을 대표하는 인격이다.

서양 근대철학의 거장 헤겔의 변증법도 사물을 일단 이분법적 대립으로 설정하고 그 대립에서 오는 갈등과 모순과 투쟁을 지양하는 형태로 해결하려는 논리이다. 즉 정, 반, 합(正反合)의 논리이다.

결과적으로 서양의 이원론 철학은 개체의 발전에 이바지하고, 동양의 일원론 철학은 공동체의 발전에 이바지하는 특성을 나타낸다.

한국인과 중국인의 음양오행사상 차이점

음양오행사상은 기원전 4~3세기의 추연(B.C.305~240)이 발설한 사상으로 그를 음양가(陰陽家)로 부른다.

사마천은 『사기』에서 그를 동이인(東夷人)이라고 기록했다.

그는 고조선 사람이다.

오행은 오색, 오방, 오덕, 오장, 오관 등과 연결하여 우주 질서와 인간 질서를 통일적으로 설명하는 철학체계를 갖게 되었다.

역사적으로 중국인들은 오행의 상극설(相剋說)을 애호했으며, 한국인들은 오행의 상생설(相生說)을 더 선호했다.

중국인이 좋아한 상극설은 물이 불을 이긴다는 수극화(水克火), 불이 금을 이긴다는 화극금(火克金), 금이 나무를 이긴다는 금극목(金克木), 나무가 흙을 이긴다는 목극토(木克土), 흙이 물을 이긴다는 토극수(土克水) 이론이다.

한국인이 좋아한 상생설은 물은 나무를 낳고(水生木), 나무는 불을 낳고(木生火), 불은 흙을 낳고(火生土), 흙은 금을 낳고(土生金), 금은 물을 낳는다(金生水) 하고 생각하는 이론이다. 음양오행사상을 평화적인 상생철학으로 수용하고 발전시킨 것은 동양인 중에서 한국인뿐이다.

사람의 출생이 오행의 상생설에 따른다고 믿어 그 순서에 따라 이름을 짓는 것이 항렬(行列)이다. 항렬의 순서는 수-목-화-토-금-수의 상생순환으로 인식했다. 즉 아버지가 '수'의 항렬이면 아들은 '목' 항렬이 되고, 손자는 '화' 항렬이 되고, 증손자는 '토' 항렬이 되고, 고 손자는 '금' 항렬이 된다.

오행사상은 오방(五方), 오덕(五德), 오색(五色), 오미(五味), 오장(五臟), 오관(五管) 오계절(五季節), 오신수(五神獸), 오관직(五官職) 등과 연결되었다.

오행사상표

오행: 목화토금수

오방: 동남중서북

오덕: 인의예지신

오색: 청홍황백흑

오미: 신맛, 쓴맛, 단맛, 매운맛, 짠맛

오장: 간장, 심장, 비장, 폐장, 신장

오관: 입, 피부, 귀, 눈, 코

오계절: 늦여름, 가을, 겨울, 봄, 여름

오신수: 황용, 현무, 주작, 청용, 백호

오관직: 의정부, 공조, 병조, 예조, 형조

한국인들이 오행사상을 받아들인 구체적 사례

– 우리나라 고지도를 보면 8도의 색깔을 오방색으로 그렸다. 남방의
　전라도와 경상도는 붉은색, 동방의 강원도는 푸른색, 서방의 황해
　도는 흰색, 북방의 함경도와 평안도는 흑색, 중앙의 경기도는 노란
　색으로 칠했다. 오방색으로 지도를 그리는 나라는 우리나라밖에
　없다.

– 오방색으로 색동옷을 만들었다. 처용무에 등장하는 다섯 명의 춤
  꾼도 색동옷을 입는다. 임금이 행차할 때 따라가는 깃발에도 오방
  색 기가 등장한다.

– 음식을 만들 때 오방색을 넣고, 오방색에 따라 음식을 배치한다.
  신선로의 색깔이 오방색이다. 제사 때 음식은 오방색에 따라 진열
  한다.

– 한국의 국기인 태극기는 음양의 색깔에 따라 음을 청색으로 양을
  적색으로 그린다. 음양을 표현한 태극무늬는 삼국시대의 기와와
  사찰의 초석에 많이 보이고, 조선시대에는 더욱 널리 유행하여 서
  원 및 향교의 대문과 홍살문과 부채 등에 등장한다. 조선시대에는
  명나라, 청나라의 사신을 맞이할 때 태극기를 들고 나가 영접했다.
  이런 전통을 이어받아 1883년에 태극기가 정식으로 국기로 제정
  됐고, 경운궁에 태극전을 건설하고 태극훈장을 만들었다.

– 인의예지신(仁義禮智信)의 오덕은 우리나라 사람들의 생활신조다.
  조선은 건국 초기에 도성의 4대문과 중앙의 종각 이름에 '인의예
  지신'을 넣어 이름을 지었다. 동대문은 흥인문(興仁門), 서대문은 돈
  의문(敦義門), 남대문은 숭례문(崇禮門), 북대문은 홍지문(弘智門)으로
  부르고, 중앙의 육조 네거리에 세운 종각은 보신각(普信閣)으로 불
  렀다.

[**참고**] 대궐 내에 별도로 세운 소지문(炤智門: 뒤에 숙정문(肅靖門)으로 개명)도 북대문이라 칭했으나 임금의 정치를 바로잡기 위해 세운 문으로 문을 개폐하는 일이 거의 없었고 백성들이 도성에 드나들었던 문은 세검정에 세운 홍지문(弘智門)이다.

– 인의예지신의 오덕을 자연의 오행 본질에서 배우도록 했다. 즉 나무를 통해서 어짊의 '인'을 배우고, 쇠를 통해서 옳음의 '의'를 배우고, 불을 통해서 바름의 '예'를 배우고, 물을 통해서 겸손, 포용의 '지'를 배우고, 흙을 통해서 만물을 기르는 믿음의 '신'을 배웠다.

– 오방신(五方神)은 좌청룡, 우백호, 북현무, 남주작, 중황룡을 말한다. 그중에서 중황룡을 뺀 나머지를 사신도(四神圖)로 부른다. 사신도는 고구려, 백제의 고분벽화에서 흔히 볼 수 있다. 조선시대 임금의 관을 모셔놓는 찬궁(攢宮)에는 반드시 사신도를 그려 넣었다.

'훈요십조'에 담긴 선비정신

고려 태조 왕건은 후세 임금들이 지켜야 할 규범 10가지를 만들어 유언으로 삼았다.

그 내용은 우리나라는 중국과 방위와 토지와 인성이 다르므로 중국문화를 모두 받아들일 필요가 없으며, 우리나라의 풍속을 그대로 지켜나가는 것이 바람직하다는 것을 강조했다.

〈훈요십조〉에는 우리나라 자연환경을 설명한 풍수사상에 따라 사찰을 세우고, 서경(평양)을 중요시하고, 우리나라의 천령(天靈), 오악(五嶽), 용신(龍神), 명산대천(名山大川)을 제사하는 팔관회(八關會)를 열심히 계승하라고 당부하고 있다.

그리고 이어서,
– 백성의 세금을 가볍게 해줄 것
– 척이나 가까운 사람을 등용하지 말고 능력 위주로 관리를 뽑을 것
– 신하들의 건의를 귀담아들을 것
– 경사(經史)를 공부하여 옛날을 거울삼아 현재를 경계할 것
– 사나운 이웃 나라는 항상 조심하여 국방을 튼튼히 할 것
등을 강조했다.

고구려, 백제, 신라의 삼국시대 및 통일신라시대와 달리 고려에서는 인재를 선발할 때 우선 문반, 무반으로 나누어 양반(兩班)의 관료체제를 확립했다. 그 이전에는 문반과 무반의 구별이 없었고 주로 무반이 나라를 다스렸다. 고려시대에 들어와서 무치(武治)에서 문치(文治)로 정치세력의 진화가 이루어졌다.

12세기 중엽 고려 의종(재위 1146~1170) 대에 '무신의 난'이 일어났다. 보현사에 놀러 간 의종이 무신들에게 수박희(手搏戱)를 시키는 중에 문신

이 무신의 뺨을 때리는 사건이 불씨가 되어 무신이 정치의 주역이 되는 반란이 일어났던 것이다.

수박희는 고구려의 선비와 신라의 화랑들이 하던 무예이다. 그것이 오늘날 택견 및 태권도로 진화한 것으로 추정된다.

고려의 팔관계에 담긴 선비정신

신라의 진흥왕은 화랑도를 국가공인집단으로 조직할 때 고구려의 승려 혜량법사를 초빙하여 팔관지법을 설치했다. 신라의 팔관지법을 계승하여 고려에서는 팔관계(팔관지법)의 여덟 가지 계율을 실시했다. 팔관계는 기자조선의 팔조교의 내용과 비슷하다. 이것은 고조선의 국민 윤리인 홍익인간 이념과 병행하여 선비정신의 한 가닥으로 내려온 것이라고 볼 수 있다.

팔관계의 8가지 계율
– 생명을 함부로 죽이지 말 것
– 도둑질을 하지 말 것
– 음탕하지 말 것
– 말을 함부로 하지 말 것
– 사치를 하지 말 것

- 높은 벼슬을 탐하지 말 것

- 폭음을 하지 말 것

- 쾌락을 탐하지 말 것

고려시대에는 전통적인 선비문화가 풍속의 차원에서 계승되었다. 성리학(신유학)이 들어오면서 정치사상의 지도이념이 유교로 넘어갔기 때문이다. 고려 말기에 불교는 '수신'의 가르침으로, 유교는 '치국'의 이념으로 이해되기 시작됐다.

고려 제4대 광종 때부터 과거제도가 시행되면서 문반관료는 유학을 공부한 사람으로 충원되었으므로 지도계급에서 유학의 위치는 확고해졌다.

전통적인 선비정신과 선비문화에서 강조한 이념은 홍익이념, 평등정신, 자주정신, 충효정신, 생명공동체 정신 등의 요소가 담겨 있었고, 종교적이고 풍속적인 차원에서 체질화되고 전승됐다.

고려시대에는 불교문화와 유교문화가 발달하면서 전통적인 선비문화는 불교와 유교문화를 수용하면서 체질적으로 융합하는 모습으로 토착화되는 과정을 밟았다.

고려 제6대 성종 때 거란의 소손녕이 침략해 왔을 즈음 일부 관료와 성종까지 땅을 떼어주자고 주장했으나 서희와 이지백이 나서서 고구려의 옛 땅을 한 치도 내줄 수 없다면서 강경하게 반대했다. 서희는 소손녕과 직접 담판하여 거란이 스스로 물러나게 만들어 외교적 성공을 거두었다.

서희(942~998)는 18세 때 과거에 장원급제한 수재로 유학에 대한 소양이 매우 깊었다. 〈고려사〉 열전에는 서희의 활약이 다음과 같이 소개되어 있다.

소손녕이 찾아온 서희에게 뜰 아래에서 절을 하라고 요구했다.

서희는 "그대와 나는 두 나라의 대신이므로 대등하게 인사를 나누어야 한다. 어찌 그렇게 무례하냐?"라고 말하여 이를 관철시켰다.

소손녕이 "그대 나라는 신라 땅에서 일어났고, 고구려 땅은 우리가 차지했다. 그런데 너희들은 우리 땅을 침식하고, 우리와 국경을 접하고 있으면서 바다를 건너 송나라를 섬기고 있으므로 우리가 토벌하러 온 것이다. 만약 고구려 땅을 나누어 우리에게 바치고 조빙(朝聘)을 하면 아무 일 없을 것이다."라고 말하자

서희는 "그렇지 않다. 우리나라가 바로 고구려의 옛 땅이다. 그래서 국호를 '고려'라고 지은 것이고, 평양(西京)을 도읍으로 정한 것이다. 땅을 가지고 말한다면, 그대 나라의 동경(東京)이 모두 우리나라 영토 안에 있다. 어찌 우리가 침식했다고 말하는가? 또 압록강 내외의 땅도 모두 우리 영토 안에 있다. 지금 여진이 이곳을 몰래 점령하여 길이 끊어졌기 때문에 바다를 건너는 것보다 더 어렵다. 그래서 그대 나라와 조빙을 하지 못하는 것은 여진 때문이다. 만약 여진을 쫓아내고 우리 땅을 돌려주어 성보를 수축하고 도로가 뚫리면 어찌 조빙을 하지 않겠는가? 장군이 내 말을 황제에게 전하여 준다면, 어찌 받아들이지 않겠는가?"라고 대답했다.

서희의 말이 너무나 조리 분명하고 강개(慷慨)하여 소손녕은 더 이상

대응을 하지 못하고 황제에게 고하여 드디어 군대를 철수시켰다.

서희는 소손녕으로부터 10마리의 낙타, 100필의 말, 1,000마리의 양, 그리고 500필의 비단을 선물로 받아오는 성과를 거두었다.

서희는 국가관이 분명하고 역사의식이 뚜렷하여 고구려를 계승한다는 고려의 건국이념을 숙지하고 있었기 때문에 당당한 자세로 외교를 성공적으로 이끌어 갈 수 있었다.

한편, 이지백이 서희의 주장을 거들어주지 않았다면 성종은 할지론을 따랐을지도 모른다. 이지백은 성종에게 다음과 같이 주전론을 주장했다.

"선왕께서 실시하셨던 연등회, 팔관회, 선랑 등을 다시 거행하여 국가의 태평을 가져와야 하며, 한 번 싸우고 나서 그다음에 강화를 생각해야 합니다."

이지백은 화랑도 전통을 계승하여 결사 항전할 것을 주장했던 것이다. 이들 두 사람은 선비정신으로 무장한 유학자들이었다.

고려 초기의 유학자 최승로와 '시무28조'

고려 성종 때 유학자 관료 최승로(927~989)는 태조에서 성종에 이르는 다섯 임금의 정치에서 잘한 점과 잘못한 점을 낱낱이 분석하여 민생을 안정시키고, 계급 질서를 안정시키며, 국가재정을 안정시켜야 한다고 주장하는 상소문을 제시했다. 이를 '시무28조'라고 한다.

이 상소문에서 최승로는 무조건 중국문화를 수용하는 것을 반대하고 '훈요십조'의 정신을 계승하여 우리 고유의 토성(土性)과 습성(習性)에 맞는 우리 문화를 지켜 나가야 한다는 정책을 제시했다.

고려 전기의 유학자 최충과 '사학 12도'

최충(984~1068)은 고려 정종 때 해동공자로 불렸던 고려 전기를 대표하는 유학자 관료이다. 목종 때 과거에 장원급제하여 문종 때까지 벼슬하여 문하시중에 올랐다.

최충의 업적은 일곱 임금의 실록을 편찬하고, 농번기에는 공역을 금지할 것을 상소하여 실행하였고, 율령을 새로 정하여 형법의 기틀을 놓았으며, 거란의 침략을 방어하는 국방에 공을 세웠다.

최충은 특히 거란과 전쟁하면서 인재를 키우지 못한 것을 아쉬워하여 개성 송악산 아래에 사학을 만들고 제자들을 가르쳤는데, 너무 많은 학도들이 몰려 아홉 개의 재(齋: 기숙사)를 세웠다. 사람들은 이를 '문헌공도' 또는 '시중최공도'라고 불렀다. 최충은 학생들을 최초로 '도(徒)'로 호칭했다.

최충이 학교를 만들자 다른 유학자들도 사학을 만들기 시작하여 비슷한 사립학교가 12개소가 열렸는데 이를 '사학 12도(私學十二徒)'라고 불렀다. 학생들을 '도'로 호칭한 것은 신라시대 화랑도에서 이름을 따온 것이라 볼 수 있다.

고려 성종 때 유학자들은 고려왕조를 중국과 동등한 천자위상으로 올려 세우고, 중앙집권을 강화하여 국력을 집중시켜 백성들을 지방토호 세력의 그늘에서 해방시키려는 의도가 강했는데, 황제권을 정점으로 하여 일군만민(一君萬民)의 평등사상인 담긴 '주례(周禮)'를 특별히 존중했다. 이는 북송이나 남송의 유학을 그대로 따르지 않고 고려왕조의 위상을 높이려는 이상이 담겨 있었기 때문이다.

고려 성종 때 개경(開京)을 황도(皇都)라 부르고, 환구단(圜丘壇)을 세워 하늘에 제사하고, 종묘와 사직을 건설하고, 국가의 의례를 오례(五禮: 吉禮, 嘉禮, 賓禮, 喪禮, 軍禮)로 만들어 체계화했으며, 통치조직을 육전(六典) 체제로 만들었다.

고려의 역사 의식에 담긴 선비정신

고구려 유민이 세운 발해가 거란에게 망하자, 고려의 태조는 강력한 반거란 정책을 세웠다. 거란을 금수의 나라로 지목하고, 거란에 대한 경계의 태세를 갖추었다. 태조는 대광현을 비롯한 발해의 유민을 대거 받아들이고 이들에게 왕씨 성을 하사하여 준왕족으로 대접했다. 발해

유민은 고려 초기의 국가정책에 크게 영향을 끼쳤다. 고려의 강력한 반거란 정책과 북진정책 등이 수립된 계기가 됐다.

고려 중기에 이르러 김부식의『삼국사기』가 편찬되면서 고구려 계승의식에 더하여 신라계승 의식도 가미된다.

무신정권 시절에는 이규보(1168~1241)의『동명왕편』이 나왔다. 여기에서 단군 역사에 보였던 천손의식이 되살아나 무신집권층의 '대몽 항전' 의식을 부추기는 계기를 만들었다. 이규보는 우리나라가 본래 성인(聖人)의 나라 임을 세상에 알리기 위해『동명왕편』을 쓰게 됐다고 서문에서 밝히고 있다.

몽고(원나라) 간섭기에 일연(1206~1289)이『삼국유사(1281)』를 편찬하여 한국사의 기원을 단군조선으로 소급 확인하는 작업이 이루어졌다.

비슷한 무렵 이승휴(1224~1300)가『제왕운기(1287)』를 펴내 한국의 역사 시원을 단군조선으로 재확인하고 한국사를 제왕의 역사로 격상시켰다.

일연은 승려가 되기 이전에 유학을 공부한 유학자였고, 이승휴 역시 유학자이지만, 고려왕조를 475년 동안 장수로 이끌어온 비결은, 정신 수양을 부추기는 불교가 종교로 기능하고, 애민사상을 근본으로 정치를 이루어야 한다는 유학사상이 조정에 건재했고, 기층사회에 화랑정신과 선비정신으로 엮인 향촌공동체가 강인한 풍속으로 떠받쳐주었기 때문이다.

조선시대 성리학과 선비문화의 융합

조선은 개국이념을 성리학에 두었다.

고조선과 삼국시대의 선비정신과 선비문화가 사회 저변에 강인하게 지속되었기 때문에 성리학은 선비문화에 융합하고 절충되면서 토착화가 이루어졌다.

송나라의 성리학은 조선에 들어와서 한국적 성리학으로 체질이 변화됐다. 조선 성리학자는 대체로 문무를 겸비한 인물들이 많았다. 송나라의 '관념성리학'은 조선에서 '실천성리학'으로 발전했다. 드디어 신유학의 상징인 '조선실천성리학'이 조선에서 꽃이 활짝 피고 열매가 달렸다.

오늘날의 한국인은 '선비'라고 하면 조선시대 유학자를 떠올리고 있지만, '선비'는 조선시대 유학자만을 가리키지 않는다. 조선시대에는 유학자를 '사(士)'로 부르고 벼슬을 한 유학자를 '사대부(士大夫)'로 불렀다. 이것은 중국에서 사농공상(士農工商) 개념이 들어왔을 때 지도자 격인 사(士)를 나타낼 마땅한 말이 없어서 '선비'로 번역한 것이 계기 된 것이다. 중국의 사(士) 개념에 가장 가까운 사람들이 '선비'였기에 '사'를 '선비'로 불렀다.

조선시대 옥편을 보면 '사'를 '선비'로 번역한 경우가 많으나, 어떤 곳에서는 '사'를 '도사'로 번역한 경우도 있다. 이는 고대의 선비가 도사와 비슷한 의미를 가졌기 때문이다. 고대에서 고려에 이르기까지 선비는 유불도(유불선)가 합친 성격을 지녔음을 알 수 있는데 이런 선비를 '도사'

라고 부르기도 했던 것이다.

유불도가 합쳐진 전통적 선비가 성리학을 융합하였기에 송나라, 원나라, 명나라의 교조적 '관념성리학'과 조선의 '실천성리학'은 이론적으로만 다른 것이 아니라 체질적으로도 다르게 발전했다.

세계 최초의 지식기반 문화사회

조선은 중세에 세계 최초로 지식기반문화사회를 구축한 나라다.

세계 모든 나라가 계급사회였던 당시, 조선도 양반과 상민(평민)의 계층 구분이 철저했다.

세계의 모든 나라가 귀족계급만이 정치에 참여할 수 있었지만, 조선에서는 양반 이외에도 상민(평민)의 신분상승제도가 실시된 유일한 사회였다.

정치의 공익성이 담보되려면 인사제도의 공정성이 수반돼야 한다.

관료의 등용이 혈연, 학연, 지연 등에 좌우된다면 정치의 공익성은 무너진다.

선시대 인사제도의 원칙은 '입현무방 유재시용(立賢無方 惟才是用)'이었다. 그 뜻은 '현자를 등용하는데 모가 나서는 안 되며 오직 능력 있는 사람만 등용해야 한다.'라는 의미이다.

과거제도는 '입현무방 유재시용'을 해결할 수 있는 유일한 수단이었다. 과거제도에서는 생원과 진사시험이든, 문과와 무과시험이든, 처음 초시(初試)에서는 7배수를 뽑고 8도의 인구비례로 정원을 강제 배분했으며, 2차 시험인 복시(覆試)에서는 성적순으로 7분의 1을 뽑고, 3차 시험인 전시(殿試)에서는 성적순에 따라 보직 임명에 차등을 두었다.

조선시대 전체문과 급제자 수는 14,615명이다. 그중에서 35.7%에 이르는 5,221명은 상민(평민) 출신이다. 신분상승의 사다리 역할을 한 과거제도가 있었기 때문이다.

상민 출신이라도 과거제도를 통해 관직에 진출할 수 있었기에 조선 사회의 역동성과 개방성이 유지될 수 있었고 지식기반사회의 형성이 가능했다.

양반뿐만 아니라 상민들도 지식기반사회 구축에 능동적으로 참여할 수 있는 시스템이 가동되었기에 중세에 세계사 사상 유례없는 오백 년이 넘는 장기적 왕조가 지속될 수 있었던 것이다.

우리나라 고유의 향촌공동체: 향도와 두레

향촌의 공동체로서 '향도(香徒)'는 신라 609년(진평왕 31) 무렵 김유신의 화랑단체인 용화향도(龍華香徒)가 가장 오래된 것으로 알려져 있다. 이 향도는 고려시대와 조선시대에도 그대로 계승됐다.

중국에는 화자단두(化子團頭)가 오래전부터 계승되었는데, 그 하는 일은 우리나라 향도계와 비슷한 일을 하는 향촌 조직이었다. 화자단두는 돈을 받고 관가의 잡일, 지방의 축성, 민가의 길흉사의 일, 상여 메기, 무덤 조성, 농사일, 집 짓기, 수레 끌기, 도랑파기, 제방 쌓기, 청소하는 일을 해주었다. 하지만 우리나라 향도계는 돈을 받지 않고 일을 해주는 것이 중국의 화자단두와 달랐다.

우리나라의 향도 조직은 품앗이정신으로 대가를 받지 않고 상부상조해왔으나 18세기 이후부터 일부가 돈을 받고 일하는 상업조직으로 기능하기도 했다.

향촌사회의 향도공동체는 차차 기능이 축소되면서 주로 장례를 치러주는 일에 집중되었고 명칭도 차츰 '상두꾼'으로 바뀌었다.

1948년 8월 15일 근대정부의 설립 후에도 농촌사회에는 마을마다 산모퉁이나 논두렁 사이에 상여를 보관해 두는 상여집이 있었고, 장례를 할 때 '상두꾼'이 돈을 받고 장례 일을 치러주는 관행이 있었다.

조선시대에는 향도와 비슷하면서 호칭이 다른 공동체가 또 있었는데 '두레' 조직이다.(일명 '사장(社長)'조직이라고도 함) '사(社)'로 불리는 염불소(念佛所)를 가지고, 그것을 이끄는 사람을 '사장(社長)'이라고 불렀다.

향도가 주로 장례를 치러주는 조직이었는데, 두레는 농촌과 도시에서 축제의식을 함께하는 협업적 놀이공동체적 성격이었다. '향도'는 주로 장례공동체로 기능하고 '두레'는 주로 놀이공동체, 협업공동체로 기능했던 것이다. 한편 '두레'의 우두머리인 '사장'은 다른 호칭으로 '거사(居士)'라고도 일컬었다.

원래 '거사'라는 호칭은 불가의 신도 가운데 남자 신도인 '우바새'를 일컫는 말이었다. 그런데 신라시대, 고려시대, 조선시대를 거치면서 일부에서 지식인을 '거사'로 일컫는 일이 적지 않았다.

신라의 고승 원효는 스스로 '소성거사(小姓居士)'라 불렸고, 고려 무신집권시대의 이규보는 자신의 호를 '백운거사(白雲居士)'라 지었고, 고려 말의 이승휴는 자신의 호를 '두타산거사(頭陀山居士)'로 불렸고, 조선 태조 이성계는 만년에 스스로 '송운거사(松雲居士)'로 호칭했다.

대체로 거사로 불린 인물은 순수한 유학자가 아니라, 유교, 불교, 도교, 무교를 함께 아우르는 인물인 경우가 많은 것이 특징이다.

'사장'이 '거사'로도 불린 것을 보면 '사장'이 순수한 불교조직이 아님을 말해준다. 염불소가 깊은 산사에 있지 않고 여염집이 있는 복잡한 시중에 있는 것도 그렇고, 풍악을 울리면서 춤추고 포교하는 행태도 불교와는 다른 점을 봐도 그렇다. 이러한 풍류적, 가무적 행태는 무교와 불교의 제례의식이 혼합돼 나왔을 것으로 보인다.

조선 후기에 '사장'은 '두레', '두레패' 또는 '사당패'라는 호칭으로도 불렸다. 오늘날까지 전승되고 있는 두레패와 사당패의 놀이문화를 보면, 고깔모자는 승려나 거사의 모습을 연상시키고, 상모를 단 춤꾼의 모자는 군인의 전투모자인 전립(戰笠)을 연상시키고, 춤사위나 몸동작은 무당 굿을 연상시키고, 상모 꾼의 동작은 마치 군사무예를 연상시킨다. 그리고 남녀노소가 한데 어울려 노는 놀이문화는 '두레'가 유일하다고 할 수 있다.

'두레패'의 음악은 북, 장고, 징, 꽹과리, 통소로 구성되어 있는데 이것들은 오래전부터 군사들의 행진에 사용되는 악기들이었고, 조선시대의 사장들이 마을 한가운데서 신도들을 불러 모으고 구걸할 때 사용한 악기들이다. 이런 악기들의 합주음악에 대중들이 쉽게 빨려 들었고 신명(神命)과 흥(興)과 신바람이 일면서 공동체의 일체감을 갖게 되었던 것이다.

'향도'와 '두레'는 고대로부터 내려온 풍류선비들의 종교적, 무사적 공동체 전통이 민간풍속으로 자리 잡은 것이라 할 수 있다. '향도'와 '두레'는 신분 질서에 관계없이 초계급적 공동체를 형성하면서 강인한 생명력을 지니고 근대사회에까지 계승됐다.

조선의 성리학적 공동체: 향약

조선시대에 민간주도의 '향도'와 '두레'를 대신하여 관료주도의 유교적 공동체가 실시되었는데 이를 '향약(鄕約)'이라 부른다. 동약(洞約) 또는 동계(洞契)로도 불렀다.

향약은 원래 북송의 여대균 형제가 만든 여씨향약(呂氏鄕約)이 시초다. 남송의 주자는 이를 수정하여 '주자증손여씨향약(朱子增損呂氏鄕約)'을 만들었다. 이것을 모범으로 삼아 조선 중종 때 조광조가 강력하게 주장하여 실시한 것이 성리학적 공동체 '향약'의 시작이었다.

'향약'의 주된 내용은 덕업상권(德業相勸), 과실상규(過失相規), 예속상교(禮俗相交), 환난상휼(患難相恤) 등 네 가지 실행목표를 실천하는 것이다.

주자향약은『소학(小學)』이나『성리대전(性理大全)』에 실려 있었으므로 일찍이 우리나라에 들어왔으나 15세기까지는 실시되지 않았다. 16세기 중엽에 조광조에 의해 처음으로 시도된 것이다. 하지만 조광조의 향약보급 노력은 성과를 내지 못했다.

'주자증손여씨향약'은 일반서민들을 대상으로 만들었다기보다는 관료사대부층의 도덕규범을 높이고, 도덕력 제고로 상호협력하는 사회를 건설하고자 하는 것이었는데, 당시 향촌 백성들의 현실적 관심은 덕업상권(덕을 쌓는 일은 서로 권하자), 과실상규(잘못되는 일은 서로 말리자), 예속상교(사귈 때는 서로 예의를 지키자)같은 도덕성 제고보다, 환난상휼(병들고 어려울 때는 서로 도와주자)에 해당하는 경제적 상부상조가 급선무였다.

이후 조광조의 실패를 거울삼아 주자 향약을 조선의 현실에 맞추어 수정하려는 노력이 퇴계 이황과 율곡 이이 등에 의해 시도됐다. 이를 바탕으로 조선 후기에 비로소 향약이 전국적으로 보급되기 시작했다.

퇴계 이황(1501~1570)이 만든 향약은 예안향약(禮安鄕約), 온계동규(溫溪洞規)) 등이 있고, 율곡 이이(1536~1584)가 만든 향약은 사창계약속(社倉契約束), 서원향약(西原鄕約), 해주향약(海州鄕約), 해주일향약속(海州一鄕約束) 등이 있다.

퇴계가 만든 향약의 특징은 효제충신(孝悌忠信)에 역점을 두었다는 점이다. 주자 향약에 없는 부모 불손, 형제 상투, 정처 소박, 적서 문란, 친척 불목 등을 큰 범죄로 다루어 조선사회의 특수한 가족제도의 현실을 반영한 것이었다.

퇴계의 향약은 대상 범위를 양반에 국한시키고, 상민과 천민(노비)을 제외시켰다. 이것은 양반이 모범을 보이면 상민과 천민은 따라서 계도될 수 있다고 본 것이다.

퇴계는 특히 향약에 고을 수령이나 관리의 향민에 대한 작폐도 징계하는 규정을 두어 향리(鄕吏)를 견제하려는 입장을 담았다.

율곡이 만든 향약의 특징은 상민과 천인(노비)를 포함시키고, 향약에 계(契)를 접목시켜 도덕적 규범은 물론 경제적 상부상조에 역점을 두었다.

율곡은 선양민 후교민(先養民 後敎民) 사상을 견지하여 향약에 하층민을 포함하고 지역에 따라 특성을 부여했다. 따라서 행정구역 단위의 향약, 서원 중심의 향약, 농촌 지역의 향약 등 여러 종류의 향약을 만들었다.

선비정신의 뿌리 I: 공익사상과 이상주의

고조선의 신정일치(神政一致)시대, 무교적 사제(司祭)에서 선비정신이 시작됐다. '세상을 널리 이롭게 하라'는 홍익이념이 바탕이다.

삼국시대에는 유·불·도·무(儒佛道巫)가 융합된 무사집단으로 변신됐고, 홍익이념은 그대로 계승됐다.

고려시대에 이르러 유·불·도(儒佛道)와 문무(文武)를 겸비한 상층선비와 향촌공동체인 하층선비로 분화됐다.

조선시대에 이르러 성리학이 관학으로 정해지면서 주로 유학을 공부한 문사(文士)를 선비로 부르는 시대가 도래했다. 하지만 문무를 다 포함하는 고려의 관습은 계승됐고, 향촌공동체였던 전통적 선비집단도 강인하게 이어져 왔다.

선비집단은 상층선비와 하층선비로 구분되어 서로 갈등하기도 했지만 체질적으로 공동체를 존중하는 전통적 공동체질을 벗어나는 일은 결코 없었다.

조선시대의 선비는 성리학자로서 공익정신(公益精神)과 이상주의(理想主義)가 강한 것이 특징이었다.

조선 선비의 공익정신은 공(公)을 앞세우고 사(私)를 뒤로 하는 공동체 행위이고, 조선 선비의 이상주의는 의(義)를 앞세우고 이(利)를 뒤로 하는 마음가짐이다.

선비의 단아한 모습과 절제된 몸가짐은 왕실생활에까지 적용됐다. 임금도 선비의 일부이었기 때문이다.

조선왕실의 의식주는 그 이전의 왕실보다 한층 검소하고 소박한 것이었다.

『원행을묘정리의궤』에 기록된 1795년에 정조에게 올린 음식 메뉴를 보면 일곱 그릇(칠첩) 이상을 식탁에 올리지 못하게 했고, 고체로 된 음식은 최고 4촌(약 16cm) 이상 식탁 위에 쌓지 못하도록 규정하고 있다.

조선 궁궐의 규모는 "위엄이 있으면서도 화려해서는 안 된다"는 원칙 아래 조성되었으며 임금과 왕비는 평상시에는 거친 무명옷이나 명주옷을 입었었다.

식탁에 올리는 그릇도 비싼 금·은 그릇을 추방하고 값싼 도자기를 사용했으며, 도자기에도 그림이 들어가지 않은 백자(白磁)를 쓰도록 법으로 규제했다.

농업이 국가의 주요산업이었기에 임금이 직접 농사를 짓는 선농단(先農壇)을 운영했으며 왕비도 직접 궁중에서 양잠을 시범하는 양잠단(養蠶壇)을 운영했었다.

조선시대에는 청백리(淸白吏)로 이름을 날린 재상들이 많이 배출됐다.

비 오는 날 지붕이 새는 방안에서 임금을 맞이한 재상 황희, 고향인 온양에서 소를 타고 한양을 다닌 재상 맹사성, 동대문 밖 초가집에서 비 오는 날 우산을 펴고 산 정승 유관 등이 대표적이다.

조선 선비는 '수신(修身)'을 무엇보다 우선하는 매우 중요한 삶의 기본으로 생각했다.

조선 선비가 만든 '수신' 교과서가 많은 이유이다.

『동몽선습(童蒙先習)』은 박세무가 지은 아동용 수신 교과서다.

『격몽요결(擊蒙要訣)』은 율곡 이이가 만든 후학을 위한 수신 교과서다.

『학자지남도(學者指南圖)』는 정도전에 의해 작성됐다.

『입학도설(入學圖說)』은 권근에 의해 쓰였다.

『황극치평도(皇極治平圖)』는 양성지가 만들었다.

『성학십도(聖學十圖)』는 이황이 작성했다.

『성학집요(聖學輯要)』는 이이가 썼다.

선비정신의 뿌리 2: 민본사상과 생명사상

'민본사상'

민본사상의 뿌리는 맹자다. 조선 선비는 『맹자(孟子)』를 읽고 또 읽었다. 맹자는 "백성이 가장 귀하고(民爲貴), 사직이 다음이고(社稷之次), 임금이 가장 가볍다(君爲輕)."라고 하여 인(仁)과 의(義)를 멀리해 백성의 지지를 얻지 못하는 임금은 바꿀 수도 있다는 혁명을 인정한 유학자이다.

맹자 민본사상의 뿌리는 공자에게서 비롯된다.

공자는 위정(爲政)의 세 가지 목표를 말하면서 "백성의 믿음을 얻는 것(民信之)이 정치에서 가장 중요하고, 다음이 경제의 안정이고(足食), 그 다음이 국방이다(足兵)."라고 『논어』에서 말했다.

공자와 맹자의 민본사상을 더욱 발전시킨 유학자가 조선을 설계한 삼봉 정도전(1342~1398)이다. 정도전의 민본사상은 성리학적 책을 읽어서 얻은 것이지만, 9년간의 유배생활을 하는 동안 서민들의 고통스러운 생활을 직접 체험하고, 농민들과 같이 어울려 대화하면서 체득되었다.

조선 선비는 임금이 백성을 대하기를 "부모가 갓난아기를 돌보듯이 해야 한다(如保赤子)"는 것을 항상 강조했다. 부모가 갓난아기를 돌볼 때 얼마나 정성이 지극한가를 생각해보면, 임금이 백성을 생각할 때도 갓난아기를 돌보듯이 얼마나 정성 들여 보듬어야 하는지 가늠할 수 있다. 이렇게 백성을 정성 들여 보듬는 정신이 민본사상의 근저에 깔려 있는 것이다.

이런 민본사상은 조선 후기에 이르러 한 단계 던 진화하여 '백성의 나라'를 만들겠다는 '민국(民國)'을 표방하게 된다. 특히 영조와 정조 시대에 양반만 정치에 참여하는 제도를 극복하고 상민들도 정치에 참여시키려는 의지를 보여주었다.

조선 말기 '대한제국'의 호칭을 거쳐 광복 이후 '대한민국'이라는 근대국가를 탄생시킨 이념도 민본사상이 바탕이다. 이렇게 하여 '민본'과 '민국'의 사회이념을 성숙시킨 집단은 선비들이었던 것이다.

'생명사상'

조선 선비는 우주론과 심성론에 천착했다. 이와 관련하여 이기론(理氣論)이 치열하게 전개되었고 선비들 간의 사단칠정(四端七情) 논쟁은 세계 철학사를 풍부하게 만들었다는 평가를 얻었다.

이기론은 주리론(主理論)과 주기론(主氣論)이 맞섰지만 이(理)와 기(氣)는 '둘이면서 하나이다'라는 입장으로 정리되었다.

이기론은 인간의 우주에 대한 이해이다. 인간의 우주에 대한 이해는 인간의 심성에 대한 이해와 연결되기 때문에 결국에는 인간이 좋은 심성을 갖도록 하는 방법론으로 이어졌던 것이다.

사단칠정 논쟁은 영남의 퇴계 이황(1501~1570)과 호남의 고봉 기대승(1527~1572) 간에 벌어졌던 대토론이다. 26년 연하인 고봉이 먼저 퇴계에게 편지로 질문을 던진 것이 계기가 되어 9년간 100여 통의 편지를 주고받는 형식으로 이루어졌다.

사단(四端)은 인의예지(仁義禮智)를 말하고, 칠정(七情)은 희노애구애오욕(喜怒哀懼愛惡欲)을 말한다. 여기에서의 사단과 칠정은 이(理)에서 나오는가, 아니면 기(氣)에서 나오는가를 놓고 토론하였던 것이다.

논쟁의 발단은 정지운이 지은 '천명도설(天命圖說)'을 퇴계가 수정한 데서 시작됐다. 정지운이 '사단은 이에서 생겨나고, 칠정은 기에서 생겨난다'라고 한 것을 이황은 '사단은 이(理)의 발(發)이고, 칠정은 기(氣)의 발(發)'이라고 수정했다. 여기에 대해 의문을 던진 것이 발단이 된 것이다.

이 논쟁은 철학의 인식론에 해당하는 주제로 어느 것이 옳고 어느 것이 그르다고 결론 내려질 수 없는 문제다. 사단칠정 논쟁은 후에 성혼 및 이이가 가세하여 끊임없이 이어졌는데 조선 선비들의 철학적 사유가 얼마나 깊고 높았는지를 나타내는 중요한 자료가 되었다.

중국이나 일본의 성리학자들은 이렇게 심오한 논쟁을 벌인 사례가 없었다. 미국 하버드대학의 동양철학연구소장 투 웨이밍 교수는 조선 선비의 '사단칠정 논쟁'은 '세계 철학사를 빛내는 한 페이지를 장식했다'고 평가했다.

선비들이 갖고 있었던 기본사상은 '천지인 합일사상', '경천애인사상', '물아일체사상'이었다. '천지인 합일사상'은 '우주생명체론'과 '성선설'이 바탕에 깔려 있다. 우주 만물을 생명체로 보는 이유는 음양오행사상에 토대를 두고 있기 때문이다. 음양오행이 하늘에도 있고, 땅에도 있고, 인간에게도 있으므로 모두가 생명체라고 보는 것이다.

조선 선비의 천지인 합일사상이나 천지인을 음양오행으로 보는 포용적 조화사상은 생명사상이고 더 나아가 '생명사랑사상'이다. 천지인 합일사상에서 보는 자연은 인간의 극복대상이 아니라 똑같은 생명체로서 인간이 보존해야 하는 상생관계사상이다. 이는 대결, 싸움, 갈등, 대립, 증오에서 출발하는 폭력사회를 거부하는 평화사상이기도 하다.

민본사상 혁명가 정도전

조선왕조를 물리적 힘으로 세운 것은 이성계이지만, 정신적 힘으로 세운 것은 삼봉 정도전(1342~1398)이다.

정도전은 조선의 건국을 설계한 사상가이었고 정치가였다.

정도전의 저술에는

『조선경국전(朝鮮經國典)』, 『경제문감(經濟文鑑)』, 『불씨잡변(佛氏雜辨)』, 『고려국사(高麗國史)』 등이 있다.

[참고] 『조선경국전』과 『경제문감』은 조선왕조의 권력 구조를 체계적으로 정리한 조선의 헌법 초안에 해당한다. 훗날 성종 때 완성된 조선왕조 만세대계의 헌법인 경국대전(經國大典)의 모체가 됐다.

정도전이 구상한 권력 구조는 백성을 나라의 근본으로 생각하는 민본정치를 구현할 수 있는 구조라는 것이 가장 중요한 특징이다. 그 내용은 다음과 같다.

- 왕위세습은 인정하지만, 정치적 실제 권력은 능력을 검증받은 재상(宰相)이 장악하도록 한다. 정치의 주도권을 신하들이 갖는 신권정치(臣權政治)를 구현한다.
- 정치를 비판하고 옳은 정책을 건의하는 독립적 언관(言官)을 둔다.
- 백성들의 이해관계에 직접 영향을 미치는 지방 수령의 자질을 높이고, 수령을 감독하는 관찰사의 기능을 높인다.
- 문무(文武)를 평등하게 하여 국방을 강화한다.
- 중앙행정의 골격인 6조의 기능을 횡적으로 전문화하여, 재상(宰相)은 정치의 대강(大綱: 큰 방향)을 장악하고, 관리들은 중목(衆目: 작은 실무)을 담당하여 관료정치의 전문성과 합리성을 높인다.
- 토지제도는 경자유전(耕者有田)의 원칙에 따라 농민에게 재분배하여 민생이 안정되도록 한다.

『불씨잡변』은 사상혁명의 지침서다.

고려시대 정치에 큰 영향력을 미친 불교는 '현세를 부정하면서 내세에 의존하는 허황된 종교'라고 인식하여, 현실정치에 필요한 실용적 이론을 갖추지 못하고 있으면서 실제로는 현실 정치에 깊이 간여함으로써 국가와 사회에 미치는 악영향이 크다고 지적했다. 따라서 불교는 허학(虛學)이며, 현실정치에 구체적 대안을 가지고 있는 성리학을 정치의 바탕으로 해야 한다고 주장했다. 종교의 정치 간섭보다 실제 문제를 해결할 수 있는 실학(實學)의 가치를 정치에 적용해야 한다는 것이었다.

『고려국사』는 고려시대 정치의 장점과 단점을 비판한 책이다. 과거사를 올바른 시각으로 정리하지 않고서는 미래를 열어 갈 수 없다는 투철한 역사의식이 반영되어 있다.『고려국사』는 편년체로 간략하게 고려사를 정리한 장점이 인정되어 문종 때『고려사절요(高麗史節要)』로 다시 태어났다.

정도전은 수도 한양의 도시구조를 직접 설계했다. 경복궁의 각 전당(殿堂) 이름과 사대문의 이름 및 한양 52방(坊)의 이름을 직접 지었다.

정도전은 여진족이 드나들던 함경도 지방을 평정하여 영토로 편입시키고, 잃어버린 요동 땅을 되찾기 위해 자신이 지은 진법(陣法)에 의거해 군사훈련을 강화하다가 명나라의 미움을 사서 압송을 요구당했지만 명나라의 강압에 굴복하지 않는 강인함과 신념으로 일관된 삶을 영위했다.

정도전은 부패한 나라를 멸하고 새로운 나라를 창건하여 토지제도를 개혁하고 민생의 활로를 열어준 혁명가였다. 그는 홍익인간의 선비정신을 몸으로 체득하고 실천한 참선비였던 것이다.

[참고] 성균관 문묘에 배향된 선비 명단의 선발 방법은 8도 선비들의 지속적인 배향요청에 임금이 최종적으로 가납해야 명단에 들어갈 수 있었다. 당시 검증 기준은 본인의 저술이나 정치적 지위가 아니었고, 성리학을 얼마나 충실하게 체득하고 선비로서 얼마나 기개 있고 지조 있는 삶을 기품 있게 살았느냐 하는 것이었으며, 더 나아가 그것이 얼마나 선비사회의 사표가 되었는가를 중점적으로 평가하였다.

성균관 문묘에 배향된 선비는 모두 18명이다. 이를 〈동국18명현〉이라 부른다.

2명은 신라시대 인물 설총, 최치원이다.

2명은 고려시대 인물 안향, 정몽주이다.

14명은 조선시대 인물 김굉필, 정여창, 조광조, 이언적, 이황, 김인후, 성혼, 이이, 조헌, 김장생, 김집, 송시열, 송준길, 박세채 등이다.

문묘에 종사된 시기는 광해군 2년(1610) 김굉필, 정여창, 조광조, 이언적, 이황 등이 5현(五賢)으로 맨 먼저 종사되고, 숙종 7년(1681)에 성혼, 이이 숙종 43년(1717)에 김장생, 영조 32년(1756) 송시열, 송준길, 영조 40년(1764)에 박세채, 정조 20년(1796) 김인후, 고종 20년(1883)에 조헌, 김집이 종사되었다.

잠든 유럽 철학을 깨운 유학의 인(仁)정신

유학의 인(仁)정신은 유럽에 '공감도덕'을 펼친 공자사상이다.

당시 유럽은 신본철학(神本哲學)이 강하였다. 신본철학이 유럽을 지배했다. 인본철학(人本哲學)이라는 새싹이 나올 수 없는 토양이었다.

여기에 처음으로 공자의 인(仁)정신이 서양에 파급되었다. 인정신의 핵심인 인본철학이라는 르네상스의 떡잎이 유럽에 피기 시작했던 것이다. 공자·맹자 철학이 유럽에 전파되기 전에는 유럽 철학에는 '공감도덕'이 없었다.

공맹 철학은 조선에서 '사단칠정(四端七情) 논쟁'이 절정에 달했던 16세기 말부터 서양에 전해졌다. 조선 명종 때인 1559년부터 당대 세계 최고의 성리학자 퇴계 이황과 젊은 선비 고봉 기대승 사이에 9년간 100여 통의 서한을 주고받으면서 시작한 사단칠정 논쟁은 세계 철학사를 풍부하게 빛내준 동양철학사의 절정이라는 평가를 받는다.

사단은 맹자가 설명한 인간 본성으로 '측은지심(생명을 불쌍히 여기는 마음)', '수오지심(잘못을 부끄러워하고 불의를 미워하는 마음)', '사양지심(서로 배려하고 존중하는 마음)', '시비지심(옳고 그름을 분별하는 마음)'이고, 칠정은 '희·로·애·구·애·오·욕(喜怒哀懼愛惡欲)'이다.

16세기 조선의 성리학자들은 신유학인 '정주성리학'을 경험과 실천을 중심으로 합리화 시켜 독자적인 '조선실천성리학'을 정립했다.

17세기 중반 이후부터 서양도덕 철학에는 공맹유학의 영향이 두드러지게 나타난다. 동양의 공자는 도덕의 실마리를 박애, 연민, 동정, 측은지심 등의 천성적 공감감정으로 본 반면, 서양에서는 도덕을 이성(플라톤), 계시(유대교, 기독교, 이슬람교), 이기적 계약(에피쿠로스) 등의 후천적 의지 관점으로 보았다.

소크라테스와 플라톤의 도덕철학은 감성과 경험을 평가절하하고 이성과 지혜를 정심, 정의, 성의, 용기 등의 덕목보다 위에 두었다. 그 후에 그리스의 에피쿠로스는 모든 생명체 안에는 오직 쾌락(선)과 고통(악)이라는 두 가지 감정 상태가 있어서 인간은 쾌락을 가져다 주는 것을 추구하고 쾌락을 방해하는 것을 회피한다고 여겼다. 그는 건강을 위해

약을 먹듯이 인간의 도덕도 덕 자체를 위해서가 아니라 쾌락을 위해 선호하는 것이라고 주장했다.

동양의 공맹 철학은 도덕을 인간 본성 속의 '공감적 감정'으로 본 반면, 서양의 도덕은 공감적 감정이 아닌 이성과 지혜에 기초한 '사회계약의 산물'로 보았던 것이다. 이기적 쾌락주의와 사회계약적 도덕론은 근대에 들어 토머스 홉스, 존 로크, 버나드 맨더빌 등을 통해 서양철학 사조로 이어지다가 19세기에는 공리주의로 유입된다.

결론적으로 서양도덕론은 도덕이 인간에게 유익하기(쾌락) 때문에 승인되는 후천적 동의로부터 탄생한다고 보았다. 이는 도덕을 이성 또는 냉철한 이성적 타산에 기초한 협약의 산물로 보는 에피쿠로스의 도덕관을 그대로 계승하고 있는 것이다.

동양철학의 본성적인 '공감 도덕론'은 17세기 말엽에 영국으로 전파되어 케임브리지 대학의 신학자 컴벌랜드 주교에 의해 그동안 기독교적 용어로 사용되어 온 '사랑'이라는 단어 대신에 공자의 '인' 개념과 유사한 '박애(benevolence)'라는 단어를 처음으로 사용하게 된다. 그는 타인의 기쁨과 슬픔에 공감하는 것이야말로 참된 인간의 본성에서 발휘되는 박애라고 천명했다.

컴벌랜드는 박애개념을 도덕철학의 중심 개념으로 설정한 최초의 서양철학자이다. 홉스가 말하는 '만인에 대한 만인의 투쟁'이 아니라 '만인에 대한 만인의 진실한 박애'야 말로 지구상에서 가장 가치 있는 재산이고 가장 큰 영광이라고 주장한 것이다.

서양의 기독교적 사랑은 감정이나 느낌이 아니라 의지의 작용이다.

신약성경 마태복음 5~7장에 나오는 산상수훈에 명확하게 기록돼 있다. '네 이웃을 네 몸과 같이 사랑하라'고 하는 것은 사랑을 의지의 작용으로 이해하기에 가능한 신의 명령이다. 감정이나 공감은 명령이 될 수 없기 때문이다.

유학의 '인' 정신에서 말하는 박시제중(博施濟衆)은 '최대 다수의 최대 행복'을 목표로 한다. 최대 다수를 위한 최대의 행복을 마련하는 행위가 최선의 행위이다.

행복은 본성적 '선'으로 정의되고, 최대의 본성적 '선'은 '인' 그 자체이기에 '선'은 도덕적 본성의 행위로 입증된다. 공감과 동행을 덕성으로 하는 공맹 철학의 '공감도덕'은 18세기 중반에 들어서면서 유럽적 공감도덕론으로 전개되는 단초가 된다.

공맹 철학이 서양철학에 심대한 영향을 끼쳤으며 17세기에서 18세기 사이에 서양의 영국 및 프랑스 철학에 결정적인 영향을 끼쳐 공감도덕론을 빚어내도록 자극했다는 사실에 대하여 20세기 중반에 입증한 철학자가 존 패스모어이다.

그는 공맹 철학의 영향력으로 유럽에서 르네상스 시대에 부활한 그리스철학은 변두리로 밀리고 말았으며,『논어』양화편에서 언급한 공자의 어록 '본성은 서로 가까우나 습성이 서로 멀게 한다(性相近也 習相遠也).'와 중용 제1장 제1절에 나오는 공자의 '하늘이 명한 것을 성(性)이라고 하고, 성을 따르는 것을 도(道)라고 하며, 도를 닦는 것을 교(敎)라고 한다(天命之謂性 率性之謂道 修道之謂敎).'의 어록이 유럽전통철학 전반을 뒤흔들었다고 평가한다.

미적분을 창시한 독일의 천재 철학자 겸 수학자 고트프리트 라이프니츠는 이렇게 말했다. "우리를 능가하는 국민이 지구상에 존재한다고 그 누가 생각이나 했겠는가? 우리가 기술에서 대등하고 이론에서 우월한 면이 있다고 하지만, 실천철학 분야인 도덕 윤리와 정치철학의 가르침에서는 분명 열등하다. 이런 고백을 나는 부끄럽게 생각한다." 라이프니츠는 근대 서구의 발전에 동양사상이 매우 중요했음을 인정한 최초의 유럽 지식인이다.

우리가 올바른 인식을 해야 할 진실은 분명하다. 동아시아 경제와 문화는 18세기까지는 줄곧 세계 최강이었다. 조선은 영조·정조 시대에 영국과 프랑스를 능가하는 세계 1위 문화국가였다는 사실을 역사자료는 증명해 주고 있다.

19세기에 조선과 중국은 이미 스스로 부족한 것 없이 두루 갖추고 있었기 때문에 다른 문화를 받아들이려고 하지 않았다. 번영과 풍요에 겨워 서양 및 외부세력에 관심이 없었던 것이다.

어느 문명이건 정체는 곧 퇴보로 이어진다. 19세기 말 중국과 조선의 몰락은 서양인을 '오랑캐'로 취급할 정도로 자만했기 때문이다. 지나친 자부심과 자만심은 개방과 팽창의 시대에 폐쇄와 쇠락을 가져 왔던 것이다. 우리나라와 중국이 깊이 반성해야 할 역사적 반사경이다.

선비정신으로 만든 18세기 세계 1위 문화국가 '조선'

동아시아의 전통적 가치와 문화는 고대시대부터 줄곧 인류문화사를 이끌어 왔다.

공자는 '자연사랑', '자유시장', '복지국가'를 꿈꿨던 인물이다.

『사기』를 쓴 사마천은 공자·맹자의 경제철학을 계승한 인물이다.

사마천은 공맹의 '무위이치'사상과 '농상양본주의'를 적극 옹호했다.

기원전 1~2세기에 살았던 사마천은 개인적 이익 극대화 행위가 국가의 공동선으로 연결되는 '보이지 않는 손'이 있다는 경제관을 피력했다.

[참고] 자연지험(自然之驗)에 대하여 사마천은 『사기』에 다음과 같이 표현했다. "물건이 싸면 비싸질 조짐이고, 비싸면 싸질 징후라서, 각자 자기 업(業)을 좋아하고, 제 할 일을 즐거워한다. 이는 물이 아래로 흘러가는 것 같아서 밤낮 쉴 새가 없다. 부르지 않아도 스스로 오고, 구하지 않아도 백성이 만들어낸다. 이것이 어찌 도(道)와 부합되는 자연지험(自然之驗)이 아니겠는가?"

사마천의 경제관은 자유시장에 초점이 맞춰졌었다. 사마천은 경제활동의 관치와 국가전제 경제를 탄핵했다. 시장유통을 배제한 노자의 반시장적 '작은 나라 적은 백성'론을 '외눈박이 논변'으로 규정하여 백성을 가르치려고 하다가 끝내 백성과 싸우고 말 하류의 통치론이라고 반박했다.

사마천은 공자의 '무위이치론'과 '자유시장론'은 백성이 따를 수 있는 최선의 통치이론이라고 갈파했다.

사마천은 한나라 무제 때 국가전매사업과 국유기업을 과도하게 확대하여 민간부문의 자유시장을 없애 버린 상홍양의 국가전제체제를 혹독하게 비판했다. 한 무제 말기의 경제문란과 백성의 궁핍에 대하여 그 근본원인이 무리한 독재관치 및 국가전제경영에 있었다고 진단한 것이다.

기원후 18세기에 살았던 애덤 스미스의 『국부론』은 '자유시장론'으로 일관한다.

그의 '자유시장론'에는 복지라는 단어를 찾아볼 수 없다. 스미스의 『국부론』에는 '보이지 않는 손'이라는 표현이 한 번 나온다. 하지만 이 말은 책 전체를 대변하는 키워드로 활용되어 왔다. 자유시장에는 '보이지 않는 손'이 있어서 개인 이익 활동이 공동선을 창출할 수 있다는 이론이다.

애덤 스미스가 사마천의 '보이지 않는 손'을 표절했는지는 알 수 없는 일이다. 1776년에 발간한 『국부론』에 그는 이렇게 썼다. "개인은 오로지 자신의 이익만을 의도하는데 그 의도의 일부가 아닌 목적을 증진 시키도록 '보이지 않는 손'에 이끌린다. (중략) 개인들은 자기 이익을 추구함으로써 각자가 실제로 사회의 이익을 촉진하려고 의도할 때보다 더 효과적으로 사회의 이익을 촉진한다."

사마천과 스미스는 '보이지 않는 손'이라는 발견에서 경제관의 초점이 동일하다. 두 사람 모두 국가산업진흥정책과 국가복지정책에 관한 고려 없이 자유시장에만 초점을 맞추고 있다는 점에서도 동일하다. 사마천과 스미스의 경제관에는 국가의 산업진흥정책과 복지정책의 중요성이 일탈되어 있다.

이와는 달리 기원전 4~5세기 인물인 공자는 자연사랑, 자유시장, 복지국가라는 3요소의 부민 철학을 설파한 역사상 최초의 인물이다. 공자의 '양민론'은 '유위자연' 사상을 바탕으로 자유시장과 복지국가를 동시에 생각하는 균형과 조화의 부민 철학을 개진한 것으로 평가된다.

애덤 스미스 이후 세계 경제는 자유시장론의 급부상으로 자본주의 시장경제가 지구촌을 독점하고 있는 현상을 초래했다. 공산주의는 자멸의 길로 사라졌고, 사회주의조차 시장경제를 도입하고 있다.

오늘날 자본주의 시장경제 체제를 경영하고 있는 21세기의 정치지도자들은 자유시장과 복지국가의 공고한 결합을 어떻게 모색해야 하는지에 머리를 싸매고 있는 것이 작금의 현실이다.

이럴 때 공맹사상의 자유시장과 복지를 아우르는 부민 철학은 가장 확실한 '온고이지신'과 '법고창신'의 본보기가 될 수 있을 것이다. 조선의 선비다운 선비가 공자와 맹자사상을 흠숭하고 공맹 철학을 실천하려고 발버둥친 이유다.

영국의 존 홉슨은 『서양문명의 동양적 기원』에서 동아시아 중국의 산업혁명과 상업혁명은 영국이 산업혁명으로 상업화 단계에 들어가기 약 600년 전인 송나라 때(960~1279) 정점에 달하였으며 그 후 동아시아 산업혁명의 여파가 18세기에 서구로 파급되어 영국 산업혁명의 불꽃을 점화했다고 설명한다.

모든 산업화는 제철혁명으로 시작한다. 홉슨에 의하면 중국에서 제철혁명은 기원전부터 시작하여 기원후 1100년까지 줄곧 이어졌다. 중국에서는 갖가지 주철로 기구를 대량생산하여 주철 생산량이 서기 806년 1만3천5백 톤에서 1078년에는 12만5천 톤으로 6배 증가했는데 유럽은 중국보다 700여 년이 나 뒤진 1700년에 가서야 이 수준에 도달했다는 것이다.

생산된 철은 단순히 무기 만드는데만 쓰인 것이 아니라 주로 산업화를 위한 도구, 수레기구, 농기구, 생활용품을 제조하는 데 쓰였다. 제철혁명과 함께 제조기술의 혁명도 함께 일어났다. 주철 종류의 다양화로 주물기술, 용해기술, 단련기술, 풀무기술, 고온의 용광로 기술 등의 개발이 이뤄진 것이다.

기원전 1세기경 중국은 석탄이 아닌 코크스를 써서 강철을 생산했다. 유럽이 근대에 들어와서 강철을 생산하기 시작한 것과는 엄청난 시차가 발생한다.

동아시아의 농업혁명은 6세기에 이미 달성되었으며 영국이 18~19세기에 이룩한 농업혁명보다 12세기나 앞서 있다. 18세기의 절망적이고 원시적인 유럽농업은 중국과 한국의 선진농업과는 비교 대상이 되지 못했다.

유럽은 송나라와 고려의 농업생산성을 20세기에야 겨우 따라잡을 수 있었다. 송과 고려는 공맹의 부민 철학과 농본주의에 의해 개발된 이양법(모내기)을 보급했고 새로운 농사법의 개량이 계속되었다.

나침반은 1세기 이전부터 중국에서 처음 사용되었으며, 종이는 서기 105년에 채륜이 발명했다. 종이는 지폐, 의상, 갑옷, 벽지, 바구니, 수건

등 다양한 목적에 쓰였다.

서기 953년에 중국과 한국은 이미 인쇄된 유교 경전들을 갖고 있었다. 1040년에는 중국 최초로 이동이 가능한 목활자를 발명했고, 이어서 도자기 활자도 발명되었다.

인쇄술 중에도 금속활자 인쇄는 한국이 세계 최초다. 서기 1234년 고려 고종 때 금속활자로 '상정고금예문'을 인쇄했다. 기록은 있지만 실물이 전해 오지 않아 어떤 형태인지 알 길이 묘연하다.

하지만 고려시대 금속활자 인쇄로 실물이 전해오는 '직지심체요절'은 1377년에 간행되었다. 서양의 구텐베르크가 1455년 간행한 금속활자 인쇄보다 거의 1세기나 앞서 있다.

서기 850년 동아시아에서는 화약을 최초로 발명했다. 1050년에는 가장 폭발력이 큰 화약혼합비율을 발견했다. 10세기 초에는 화염방지기를 발명했고, 10세기 후반에는 불화살을 발명했으며, 13세기에는 폭탄, 수류탄, 로켓을 만들었다. 14세기에는 지뢰와 수뢰도 발명했다. 쇠 탄환을 쏘는 총은 1259년에 발명되고, 곧 총신을 갖춘 총으로 개량됐다.

1288년경에 대포가 발명되고 14세기 전후 중국지역, 중동지역, 유럽지역에서 치러진 몽골의 주요전투에는 포신이 있는 대포가 투입되었다. 한편 유럽에서 일어난 무기혁명은 1550년~1660년 사이에 있었는데 주로 화약. 총. 대포를 만들었다. 유럽의 무기제조법은 동아시아에서 무기제조법이 서양에 보급되면서 이루어졌다.

15세기 초 명나라 정화 제독의 30년 대항해는 서양의 대항해 시대를

3세기나 앞선다. 정화는 인도양 전역, 아프리카 동해안까지 영향권을 확장했으며 세계의 절반이 중국무역의 손아귀에 들어갔다. 중국은 원하기만 했다면 방대한 해군을 앞세워 최대의 식민강국이 될 수 있었으나 그렇게 하지 않았다. 인류평화와 사해동포주의를 설파한 공자철학의 표현이었다.

반면에 유럽의 제국주의자들은 19세기 내내 세계를 약탈하면서 문명개화라는 기치를 앞세워 침략행위를 정당화하려고 했다. 아메리칸 인디언들로부터 거대한 땅을 탈취하면서 '문명개화의 운명'이라고까지 표현했다.

18세기까지는 중국은 세계무역의 리더였다. 세계 은의 대부분을 긁어모아 무역흑자를 올렸고, 중국상품에 대한 유럽의 수요는 매우 높았지만 유럽 상품에 대한 중국의 수요는 매우 미미했다. 이로 인해 유럽은 만성 무역적자에 시달렸다. 생활이 궁핍해진 유럽은 19세기에 들어서자 제국주의적 침략과 수탈을 자행하여 아프리카, 아시아, 아메리카 대륙에 걸쳐 전 지구적으로 식민지를 만들어 수탈하기 시작했던 것이다.

근대시대에 들어와서 유행한 서양발신의 아시아 '정체론'을 비롯한 부정적 동양관은 동아시아가 잠시 서양에 뒤졌던 19세기와 20세기 초반까지의 시기에 형성되었다. 하지만 이러한 부정적 동양관을 근대 이전의 시기까지 역류시키려는 서양인 우월의식의 발로로 아시아인은 더 평가절하된 측면이 강하다.

근대화 시기 100여 년 남짓한 기간 동안 과학기술적 우세를 가지고 서양인은 동양인으로 하여금 서양인에 대한 극심한 '서구 콤플렉스'를 스스로 맛보게 만들었던 것이다.

동아시아의 국가관계는 작은 나라가 큰 나라를 섬기는 '사대(事大)'와 큰 나라가 작은 나라를 섬기는 '사소(事小)'의 외교 철학으로 평화를 지켜왔다. '사대'와 사소'는 선린외교의 근간이었고 평화로운 국제무역과 통상질서를 지키는 토양이었다.

이웃 나라간에는 '조공'과 '사여'라는 국가무역이 평화롭게 진행되었다. 민간무역이 이루어지지 않는 상태에서 대규모 국영무역이 사절단 파견으로 이루어졌던 것이다.

작은 나라에서 '조공'을 가져오면 큰 나라는 그보다 더 많은 물품을 되돌려 주는 '사여'의 형식을 취하는 것이 조공무역이다. 명나라는 조선에게 '삼년일공(3년에 1회)'의 조공무역을 제안했지만, 조선에서는 '일년삼공(1년에 3회)'을 역제안하여 일 년에 3번씩이나 조공무역을 실시했다. '조공', '사여'의 국가무역의 횟수가 많아질수록 조선에 유리했기 때문이다.

조선은 명나라와 공식적으로는 '일년삼공(1년에 3회)'을 했지만 필요할 때마다 이런저런 구실을 붙여 수시로 조공무역을 요청했다. 그때마다 명나라는 '조공'의 두 배에 가까운 '사여'를 실시했다.

국가적 조공무역에는 수많은 사신단과 역관들이 동행하여 조공무역(공무역) 이외에 부수적으로 발생한 역관과 수행원의 사무역이 성행한 것도 사실이다. 오늘날 한국이 세계적 무역대국이 된 것은 오랜 역사 속에서 무역 기질을 발휘해 온 국가 간 교역기술이 남달랐기 때문일 것이다.

근대 이전 시기에는 큰 나라는 물품이 풍부하고 작은 나라는 그렇지 않았다. 때문에 이웃 나라 간에 무역을 통하여 생활에 필요한 물품을 확보해야만 했다. 명나라는 조선에게는 일년삼공의 무역을 허락한 반면 일본에게는 조공무역을 일절 허락하지 않았다.

아무리 명나라에게 요청을 해도 명나라는 일본의 요청을 일언지하에 거절했다. 일본에게까지 '사여'를 해줄 수 없다는 것이었다. 일본은 국내에서 조달할 수 없는 물품을 외국으로부터 확보할 수 없게 되자 백성은 물론 귀족들도 궁핍한 생활을 하지 않을 수 없었다.

일본은 조선과 마찬가지로 조공무역을 해 달라고 계속 사신을 보내 요청했지만 명나라 황제는 번번이 거절했다. 마침내 일본을 통일한 도요토미 히데요시는 16세기 말 조공을 거절하는 명나라를 친다는 구실로 조선 침략을 감행했다. 이 침략이 임진왜란이다. 일본은 명나라를 칠 수 있는 길을 내주지 않는다는 핑계로 조선을 먼저 공격하였고 명나라도 침략하겠다고 위협했던 것이다.

세계 최고의 생활 수준, 고도의 상업화, 산업화, 도시화가 진행된 송나라 이후의 중국에서는 세습적 사대부 제도를 폐지하는 개혁이 이뤄졌다. 누구나 과거에 합격하기만 하면 공무를 담당할 수 있는 사농공상의 '사'가 될 수 있었다.

한국에서도 고려시대부터 과거제도가 확립되어 누구나 과거급제를 통하여 신분상승이 가능한 만민평등제도가 실시되었다.

양반과 상민의 구별이 철저했던 조선에서는 전체문과급제자 14,615명 중에서 35.7%인 5,221명의 상민이 '사'의 계급으로 신분이 상승되었다. 세습제도뿐인 유럽에서는 상상할 수 없는 신분상승이 중국과 한국에서는 이루어졌던 것이다. 이러한 만민평등사상은 훗날 유럽의 세습귀족제도 철폐에 혁명적 동력을 제공하게 된다.

19세기의 영국산업 혁명은 새로운 발명이 아니었다. 동아시아의 제철혁명, 기술혁명의 흡수와 정밀화 작업을 통해 일어났기 때문이다. 영국은 동아시아 중국, 한국의 온갖 농업기술을 받아들여 농업혁명을 일으켰고, 중국과 한국의 제련기술, 용광로기술, 풀무기술, 선박건조기술, 면사기술 등을 도입해 산업혁명에 불을 지폈다.

서양이 세계 경제를 주도한 시기는 지난 150여 년에 불과하다. 이 기간 동안에 전대미문의 제국주의 전쟁, 침략, 약탈, 수탈이 횡행했고 지구촌 곳곳에서 자연파괴가 자행되었다.

반면 동아시아에서는 8세기부터 18세기에 이르기까지 1,000여 년간 세계 경제를 주도했지만 평화적 비제국주의 사상으로 침략, 수탈을 하지 않았고, 자연친화적인 '인위자연' 정책으로 자연을 파괴하지 않았다. 공맹 철학의 DNA가 중국인과 한국인에게 흐르고 있었다는 것을 증험하는 현상이라 할 수 있다.

정리해보면 1800년까지 동아시아의 총요소생산성(total factor productivity)은 당시 유럽에서 가장 잘 살았던 영국의 잉글랜드 지방을 100으로 삼았을 때 조선 전체는 134였다.

애덤 스미스가 1776년 "중국은 유럽의 어느 지역보다도 훨씬 부유한 나라"라고 기록한 것을 상기해 보면 중국 전체의 총소요생산성도 잉글랜드 수준을 훨씬 웃돌았을 것으로 추정할 수 있다. 또한 총소요생산성 수치로 미루어 보면 조선은 분명 당시 유럽의 최고 부국이었던 영국보다 잘살았다고 말할 수 있는 것이다.

조선의 생활 수준은 성종시대(1469~1495) 이래 높아지기 시작해서 영조, 정조시대(1724~1800)에 정점에 달했다가 그 후에 점점 낮아지기 시작했다. 유추해 보면 조선의 생활 수준은 16~17세기에는 중국보다 낮았겠지만 18세기 영조, 정조 시대에는 중국을 추월하여 생활 수준 세계 1위 국가로 등극했었다는 것을 알 수 있다. 다시 말하면 18세기 중국은 영국의 잉글랜드보다 더 잘 살았고, 조선은 중국보다 더 잘 살았다고 종합할 수 있는 것이다.

이런 통계수치가 서구학자들의 연구결과로 객관적으로 나타났는데도 한국인 중에는 믿기 어렵다고 생각하는 사람이 상당수 있을 수 있다. 그들 한국인의 기억 속에 있는 조선은 그저 가난하기만 한 나라였기 때문이다.

그러나 그 기억은 일제가 식민지를 통치하기 위해 만든 '식민사관'에 의해 조선의 찬란한 역사와 문화를 비하하고 왜곡하여 강제로 주입시킨 기억이라는 사실을 우리는 간과하면 안 된다.

'식민사관'에서 가르친 역사는 실상과는 완전히 다르다. 오늘날 대한민국의 압축성장에 대하여 세계가 놀라고 있지만, 그것은 이미 18세기 이전의 조선에서 우리의 조상들이 가지고 있었던 엄청난 저력 덕분이라 말할 수 있다.

18세기 조선의 높은 생활 수준은 우리의 인쇄술, 종이제조기술 및 교육복지제도를 보면 확인된다.

조선의 초등교육기관인 '서당'은 평균 115 가구마다 한 개가 들어섰을 정도로 수없이 많았다. 한일병탄 직후 조사된 전국의 '서당'의 숫자는 4천5백여 개였고, 중등교육기관인 '향교'는 600여 개였다.

서울에는 별도로 사학(四學: 서울의 네 곳에 세운 교육기관으로 위치에 따라 중학, 동학, 남학, 서학을 말함. 태종 11년에 설립 고종 31년에 폐쇄)이 있었다.

민간의 유림 또는 문중이 세운 사학교육기관인 서원은 조선 말기에는 930여 개나 되었다.(대원군 때 서원 철폐령에 의해 47개만 남고 모두 문을 닫음) 중등교육기관이었던 서원은 각 지방에서 대학교육기관 역할까지 맡았다.

조선은 국가가 운영하는 대학교육 기관으로 서울에 '성균관'을 두었다. 성균관은 모든 유생들에게 무상교육, 무상숙식, 조세 및 노역 면제 등 완벽한 교육복지 혜택을 제공했다.

공자의 교육철학인 유교무류(有教無類: 가르침에는 차별이 없어야 한다.)의 원칙에 따라 신분차별이나 빈부차별 없이 평등교육복지가 이뤄진 것이다. 오늘날 우리 사회에서 논의되고 있는 무상교육, 무상급식제도는 이미 조선에서는 15세기부터 시행되었던 것이다.

한편 토마스 카터, 허드슨, 홉슨 등 많은 서양 역사가들이 지적하고 있는 사실은 18세기까지 조선은 세계 제일의 인쇄선진국이었고, 유럽의 구텐베르크는 고려의 금속활자를 모방해 알파벳 금속활자를 만들었다고 지적한다.

인쇄술의 발달수준은 해당 국가의 문화 수준을 나타내는 바로미터임을 감안하면 조선의 문화 수준은 당시 세계 1위였다는 것을 증명한다.

역사학자 네이선 시빈이 발표한 1990년『중국사에서의 과학과 의학』

에 의하면 다음과 같이 설명하고 있다. "인쇄술의 기원은 6세기의 중국과 14세기의 한국으로 거슬러 올라간다. 목판인쇄는 6세기 중국에서 처음 모습을 드러냈지만, 현존하는 가장 오래된 원본은 751년 고려에서 유래한다."

서기 751년은 신라 경덕왕 때이다. 경주에 불국사를 세우면서 석가탑에 '무구정광대다라니경'을 봉안했던 것이다. 현대에 와서 석가탑을 전면 보수하는 과정에서 이 경전이 석가탑 밑층에서 발견되었다.

또한 조선은 책을 찍는 데 쓰이는 종이 만드는 기술도 세계 최고 수준이었다. 18세기 조선 한지의 품질은 내구성과 강직성 면에서 세계 최고의 품질을 자랑했다. 청나라의 고관들은 조선 한지를 구하지 못해 안 달했으며 조선의 한지는 북경에서 언제나 가장 비싼 가격에 거래되었다. 더구나 청나라 황궁의 모든 벽지와 창호지는 조선 한지가 아니면 쓰지를 않았기 때문에 아무리 많이 공급하여도 늘 품귀 상태여서 매번 최고가를 갱신할 정도였다.

18세기 조선의 교육복지제도는 세종시대에 이미 조선이 이룬 세계 최고의 지식기반사회를 강화시키는 데 기여했다. 조선 닥나무로 만드는 제지술과 출판인쇄술은 질 좋고 저렴한 서적을 보급하여 일반 대중의 지식습득과 교양·문화·복지를 고양시켰던 것이다.

18세기의 100여 년간 조선은 경제적 생활 수준 면이나 문화적 복지 수준 면에서 세계 최고의 삶을 영위했다는 사실이 서양학자들의 연구결과로 증명된 것이다. 우리나라 학자들의 연구결과가 아니라 외국인 학자들의 연구결과이기 때문에 한국인으로서는 아쉬운 생각이 들지만, 이러한 모든 자료가 다른 나라 학자들에 의해 밝혀진 사실이기 때문에 오히려 우리나라 학자들이 직접 연구한 것보다는 객관성이 보증된다는 점에서는 다행이라는 생각이 든다.

우리는 일제강점기 당시 우리나라의 지식인을 세뇌시킨 고루한 식민사관의 잘못된 역사관에서 벗어나야 한다. 그리고 일제가 만든 왜곡되고 조작된 사관을 깨끗이 세척하고 우리 스스로 우리 역사에 대해 자학하는 자폐증에서도 벗어나야 한다.

우리의 역사에는 잘 된 역사와 잘못된 역사가 공존하고 있다. 국가사회의 정치에 진보와 보수의 주장이 엇갈리는 것도 당연한 현상이다. 변화에 무게를 두는 진보의 주장과 안정에 무게를 두는 보수의 주장이 서로 균형이 잡혀 조화가 이루어질 때 우리 사회는 발전하고 문화융성의 태평성대를 이룰 수 있다.

진보와 보수의 균형이 깨져서 어느 한쪽으로 너무 쏠리거나 기울게 될 때 갈등과 대립이 고조되어 나라는 시끄러워진다. 조화와 융합을 위해 갈등과 대립을 지양해야 한다. 상호 입장을 이해하여 역지사지할 때 공동체를 위한 공동선을 창조할 수 있다. 공동선을 창조하지 못하고 갈등과 대립이 오래가면 그 사회는 혁신하지 못하고 정체와 붕괴의 길로 접어들어서는 것이 역사의 가르침이다.

인류공동체 선비문화의 등불: 공자

공자는 춘추시대 사람이다.

춘추시대는 기원전 720년에서 기원전 403년에 걸친 317년간을 말한다.

사마천의 『사기』에 의하면 중국의 상고시대는 하·은·주 시대로 구분된다.

하나라는 기원전 2070년에 '우' 임금이 세워 기원전 1600년 마지막 왕인 '걸' 임금까지 470년간 존재했다고 얘기하는 전설적 고대 국가이다.

하나라의 마지막 왕인 '걸' 임금은 미색에 빠져 주지육림 속에서 방탕한 생활을 하여 덕행은 하지 않고 무력으로 백성들을 제압했다. 이에 은족의 수령인 '탕'이 70리 땅으로 인(仁)을 행하여 민심을 얻었는데, '탕'은 학정에 신음하는 백성들을 구하기 위해 하나라를 공격했다. 혁명전쟁에서 승리한 '탕'이 올바른 정치를 선포하자 주위의 제후들이 모두 '탕'에게 복종한다. '탕'은 천자의 제위에 올라 전국을 평정하고 은나라를 건국했다. 이것이 중국 역사상 초유의 역성혁명인 '탕도(湯道)혁명'이다.

은나라의 마지막 왕은 '주'라 한다. 술과 음악을 지나치게 좋아했고 여자에 빠졌다. 특히 미녀 달기를 총애하여 그녀의 말이라면 무엇이든 들어주었다. 이때 은나라의 서쪽 변두리 오랑캐 땅에 위치한 소국 주나라에 '창'이라는 제후가 있었다.

'창'은 선조들의 법도를 본받아 어진 정치를 행하고 노인들을 공경하며 아이들을 사랑했다. 은나라의 제후국인 고죽국의 왕자 백이와 숙제도 "창이 노인들을 잘 봉양한다는 말을 들었으니 어찌 그에게로 가서 귀의하지 않겠는가?" 하면서 그를 찾았다.

'창'의 덕치는 주위 제후들의 지지를 얻어 강토를 넓힌다. '창'은 강태공의 보필을 받아 더욱 덕치를 하여 천하의 3분의 2가 '창'이 정치하는 주나라에 귀순했다. '창'이 붕어하자 백성들은 그를 문왕(文王)으로 추존했다. 이어 세자 '발'이 즉위하니 그가 무왕(武王)이다. 한편 은나라의 주왕은 이런 사태에도 불구하고 천명이 자신에게 있다고 믿고 더욱 음란하고 포악해졌다.

부친의 삼년상을 마친 주나라 무왕은 제후들과 병사들을 모아 은나라 왕인 '주'를 공격했다. 수적인 면에서는 은나라의 군대가 많았지만 이미 많은 병사들은 싸울 마음이 없었다. 은나라 주왕은 스스로 불에 뛰어들어 죽었다. 이것이 중국 역사상 두 번째 혁성 혁명이다.

주나라 무왕은 천자에 등극하여 주나라의 건국을 선포한다. 주나라의 무왕은 하나라, 은나라 이래의 노예제를 폐지하고 형제, 친인척, 공신들, 가신들을 제후로 봉하여 새로운 봉건제국의 체제를 갖추었다. 주나라 건국의 일등공신인 강태공을 제나라의 제후로 봉했다.

한편 은나라 제후였던 고죽국의 왕자 백이와 숙제는 주나라의 곡식 먹기를 거부하고 수양산에 들어간다. 그곳에서 몸을 숨겨 고사리를 캐 먹으며 지내다가 굶어 죽었다. 주나라 무왕이 폭정을 일삼는 은나라 주왕을 멸한 것은 하늘의 뜻이라 하나, 백이와 숙제는 은나라 주왕의 신하된 도리로 굶어 죽는 길을 택했다. 이를 두고 후대에 공자는 백이와 숙제를 청절지사(清節之士)로 크게 높였다. 공자의 역사기술은 승자의 입장에서만 논하지 않고 패자의 입장에서도 기술하여 역사를 객관적으로 기술하는 춘추사관을 만든다.

주나라 왕실은 덕이 있는 자는 하늘의 도움을 받지만 부덕한 자는 하늘의 버림을 받는다고 하는 경천사상과 자국 백성뿐 아니라 다른 나라 백성들도 포용하는 보민사상과 밝은 빛의 덕으로 정치를 행하는 명덕사상을 통치의 근간으로 세웠다.

'경천', '보민', '명덕'의 통치사상은 '예(禮)'와 '악(樂)'과 '형(刑)'의 통치술로 변하여 체계화되었다. 예는 본래 사람이 신에게 다가가는 데 필요한 의식절차였는데 주나라 시대에 와서는 신과 사람의 관계를 넘어 사람과 사람의 관계로 확대되었다. 이후 예는 종교, 정치, 도덕, 법률이 복합된 지배층의 문화가 된 것이다.

공자는 춘추시대의 한가운데인 기원전 551년 음력 8월 27일에 노나라 도읍이었던 창평향 추읍 궐리에서 태어나고 자랐다. 공자의 아버지 공흘은 노나라 국경수비대의 장수였다. 그는 시씨와 혼인해 딸만 아홉을 낳았고 아들을 얻기 위해 첩실을 두어 마침내 아들을 얻었으나 다리를 저는 소아마비 장애아였다.

그는 다시 노나라 명문가의 딸 안징재를 얻어 공자를 낳았다. 70세에 가까운 69세 노인이 16세의 젊은 처를 얻어 예식도 치르지 않고 그냥 살았다고 해서 사마천은 이를 '야합'이라고 표현했다. 안징재는 남편이 연로하므로 자식을 낳지 못할까 걱정하여 니구산에 올라 기도한 후 남편이 72세, 자신은 19세 때 공자를 얻었다. 그래서 공자의 이름을 구(丘)라고 지었다.

공자는 3살 때 부친을 여의고 10살 때 모친이 타계했다. 공자는 갖은 고생 속에서 고아로 가난하게 자랐으며 스승 없이 독학으로 공부했다. 19세 때 기관씨와 혼인하여 20세에 아들 백어를 낳았다. 훗날 백어는 자사를 낳고 자사는 공자의 학문을 계승하여 제자들을 길렀다. 자사의 문도들이 맹자에게 공자의 사상과 학문을 전수한다.

공자는 "15세에 학문에 뜻을 두었다(十五而志)"고 술회한다. 그는 혼자의 힘으로 책을 찾아 공부에 열중했다. 공자는 여기저기 돌아다니며 세상의 경험을 통해 많이 보고 많이 듣고 스스로 탐구하여 높은 학문의 경지에 도달한다.

공자는 청년시절 생계를 위해 노나라 실세 대부인 계씨 가문(당시 노나라에는 제후보다 더 막강한 권력을 휘두르던 귀족가문 맹씨, 숙씨, 계씨의 삼환이 있었다)의 관리를 지냈다. 19세에 창고를 관리하는 위리에 임용된다. 공자는 셈이 빠르고 정확했다. 저울질이 공평했다. 공자는 재무(금융)에 남다른 재주를 보였고 공정한 관리로 정평이 났다.

공자는 20세 때 주나라에 있는 노자를 방문할 기회를 갖는다. 노자는 공자보다 7살이 위였다. 공자는 노자와 만난 소회를 제자들에게 이렇게 전했다. "새는 내가 알기에 잘 날고, 물고기는 내가 알기에 잘 헤엄치고, 짐승은 내가 알기에 잘 달린다. 잘 달리는 것은 그물질로 잡을 수 있고, 헤엄치는 것은 낚시질로 잡을 수 있고, 나는 것은 활을 쏘아 잡을 수 있다. 그러나 용에 이르면 나는 어찌할지 모르겠다. 용은 풍운을 타고 하늘을 오르는 존재니까. 나는 오늘 노자를 보았는데 그가 바로 이런 용과 같았다!"

공자의 노자에 대한 평가는 노자의 초연함에 대한 칭송과 노자의 초현실성에 대한 비판이 섞여 있다고 해야 할 것이다.

공자는 30세가 되었을 때 "나이 서른에 제 발로 섰다(三十而立)"라고 술회한다. 공자는 예를 제대로 알고 행하여 예학으로 이웃 나라에까지 알려질 만큼 이름을 떨쳤다. 그는 육예(六藝: 禮. 樂. 射. 御. 書. 數)를 가르치는 학당을 열었다.

공자의 삶에 큰 변화가 생긴 것은 나이 35세 때이다.

공자는 그가 모시던 소공이 노나라의 권력투쟁 소용돌이에서 패하여 제나라로 망명하게 되자 공자도 따라 제나라로 간다. 제나라 사람들은 키가 9척 6촌이나 되는 공자를 키다리라고 부르며 특이하게 생각했다.

공자는 제나라에서 대부 고소자의 가신이 된다. 마침내 제나라의 군주인 경공을 만난다. 정치에 대한 경공의 물음에 다음과 같이 대답한다. "군주는 군주답고 신하는 신하답고 아비는 아비답고 자식은 자식다워야 합니다." 다른 날 경공이 다시 정치에 대하여 묻자, "정치는 잘못을 바로잡는 것입니다. 그리고 정치는 재물의 절약에 있습니다."라고 답한다.

공자는 '예'를 중시했으나 '인'보다 중시하지 않았다. 공자는 인을 예의 상위에 두었다. 공자는 이렇게 말했다. "예란 사치스러운 것보다 차라리 검약한 것이 낫고, 상례는 잘 치르는 것보다 차라리 슬퍼하는 것이 낫다"라고 가르쳤다.

공자는 제나라의 군주 경공으로부터 환대를 받았으나 그의 신하들로부터는 견제와 배척을 받았다. 제나라 대부들은 공자가 경공과 가까이 있는 것 자체에 위협을 느껴 그를 해치려 했다. 이를 안 공자는 제나라를 떠난다.

송·위·진·채나라를 거쳐 다시 노나라로 귀국한 공자는 학문과 교육에만 정진했다. 노나라에서는 정공이 즉위하여 공자는 43세에 법무장관 격인 사구로 등용된다. 8년 뒤 51세 때 마침내 중도라는 고을의 책임자인 재(宰)로 임명된다. 공자는 이 고을을 잘 다스렸고 1년이 지나자 사방에서 모두 중도를 본받았다. 그 덕택에 52세 때 사공(건설부장관)으로 승진했고, 사공을 거쳐 다시 대사구(법무장관 겸 대법원장)로 승진하여 임시 재상의 일도 보았다.

56세 때 공자는 정식으로 대사구와 재상을 겸직했다. 공자의 얼굴에 화색이 돌자 한 제자가 말했다. "군자는 화가 닥쳐도 두려워하지 않고, 복이 와도 기뻐하지 않는다고 들었습니다." 공자가 말했다. "그런 말이 있지. 그러나 귀한 신분이 되어 뭇사람들에게 몸을 낮추는 것은 더 큰 기쁨이라고 하지 않더냐?"

공자가 국정을 맡은 지 석 달이 지나자, 양과 돼지를 파는 사람이 값을 속이지 않았고, 사람들이 길에 떨어진 물건을 줍지 않았고, 남녀가 길을 갈 때 서로 양보하게 됐다. 국정이 바르자 세상이 확 달라진 것이다.

이웃 나라인 제나라 사람들은 이 때문에 수군거리며 두려워했다. "공자가 정치를 하면 반드시 패권을 쥘 것이다. 그렇게 되면 우선 가까운 우리부터 병합할 것이다. 우리 땅을 어찌 노나라에 바치리오."

대부 여서가 군주인 경공에게 말했다. "아무쪼록 먼저 이를 저지해야 합니다. 저지해 봐서 불가하면 그때 가서 땅을 바쳐도 어찌 늦겠습니까?" 제나라에서는 예쁜 여자 80명을 뽑아 여악단을 만들어 마차 30기를 끄는 말 120마리와 함께 노나라 군주에게 보냈다. 그리고는 계환자에게 은밀히 고하여 공자를 국외 추방하도록 종용했다. 계환자는 정공에게 고해 제나라에서 보내온 여악단을 궁 안으로 들이고 마차와 말도 접수했다. 노나라의 군신은 이 여악단을 감상하느라 사흘 동안 조례를 폐했다. 정공도 계환자와 함께 제나라 미녀들에게 빠져 공자의 면담도 거절했다.

공자는 결국 사직할 수밖에 없었다. 공자는 다시 노나라를 떠난다. 그를 뒤쫓아 출국 길에는 안회, 자로, 자공, 자고, 염구 등 수십 명의 제자들이 함께했다. 공자 나이 57세 때의 일이다. 공자가 노나라를 떠난 이듬해 정공이 죽고 아들이 즉위했다. 이 군주가 애공이다. 애공 3년 계환자가 죽고 그의 서자 계강자가 집권했다. 중병으로 병석에 누었을 때 계환자는 계강자에게 이렇게 얘기했다. "일찍이 이 나라가 흥성할 수 있었는데, 내가 공자를 등용해 그의 말을 듣지 않아 흥성하지 못했다. 내가 죽으면 너는 반드시 공자를 데려오도록 해라."

그러나 계강자는 공자를 불러들이면 제후들의 웃음거리가 될 거라고 여겨, 우선 공자의 제자인 염구를 먼저 불렀다. 공자는 염구를 노나라로 돌려보낸다. 염구는 귀국하여 승승장구했다. 하지만 공자를 불러들이려는 염구의 노력은 노나라 내부 반대세력들의 견제에 걸려 한없이 지연된다.

결국 공자는 귀국하지 못하고 57세 때부터 69세 때까지 13년 동안

위, 진, 조, 송, 정, 채, 초 등 주변국을 떠도는 망명생활을 계속했다. 공자의 주유천하로 불리는 이 망명기간 동안 여러 제후국의 왕과 세도가로부터 대접을 받기도 하지만, 대부분의 제후국 왕으로부터 냉대와 시기를 당했으며, 죽을 고비를 네 번이나 넘기고, 난적들에 앞길이 막혀 열흘 이상 굶주리기도 하면서 험난한 시기를 보냈다. 이 기간이 공자에게는 정치계몽활동기간이었고 자신의 사상과 학문과 도를 전수하는 교육활동기간이기도 했다.

공자가 진나라에서 1년을 보낸 뒤 채나라에 잠시 머물다가 다시 섭나라로 들어갔을 때 섭나라의 군주 섭공이 공자에게 정치에 대해 물었다. "정치란 먼 데 있는 사람을 찾아오게 하고, 가까이 있는 사람의 마음을 얻는 데 있습니다."라고 공자는 답했다.

훗날 섭공이 자로에게 공자는 어떤 사람인지를 물었을 때 자로는 아무 대답도 하지 않았는데, 이를 듣고 공자는 이렇게 말한다. "경험에서 배우는 데 게으르지 않고, 사람을 깨우치는 데 싫증 내지 않고, 일에 열중하여 먹는 것조차 잊어버리고, 즐거움으로 근심을 잊고, 늙는 것도 모르고 살아가는 사람이라 이르지 그랬느냐."

공자 나이 69세 때 염구의 청을 들은 노나라 계강자는 공자의 귀국을 요청한다. '상갓집의 개'와 같은 신세라는 소리까지 들으면서 풍찬노숙(風餐露宿) 생활을 한 공자의 주유천하는 여기에서 끝난다.

공자는 귀국 후 오로지 학문과 강습에만 전념한다. 어느 날 군주가 정치에 대하여 물었다. 공자는 이렇게 답한다. "정치의 근본은 신하를 잘 뽑는 데 있습니다. 정직한 사람을 뽑아서 부정직한 사람 위에 놓으면 부정직한 사람도 정직해집니다." 공자는 무도한 정치 세계에 실망하여 정치에서 완전히 손을 떼고 그 대신 학문, 집필, 교육에 남은 삶을 헌신한다.

공자 학당은 더욱 커지고 제자들의 수는 크게 늘어났다. 재(宰)를 두어야 할 정도로 학당이 커지자 손자인 자사를 재로 임명했다. 재는 오늘날로 치면 학장 또는 총장의 직책이다.

공자가 출사의 뜻을 접고 학문과 교육에만 전념한 것은 역사적 의미를 가지는 큰 사건이다. 이것은 정치 세계로부터 분리된 학문과 교육이라는 독자적인 사회영역의 출현을 뜻한다. 학문과 교육을 독립된 영역으로 간주하고 전문적으로 추구하는 이 전통은 맹자에 이르러 더욱 공고하게 확립되었고, 후세에 중국의 공문(孔門)교육과 조선왕조 시대 유학교육 시스템의 공통된 전통으로 굳어졌다.

마침내 공자에게 죽음이 임박한다. 공자는 죽기 전에 자신의 죽음을 예견하고 아침 일찍 일어나 뒷짐을 지고 지팡이를 끌며 낮은 소리로 흥얼거렸다. "태산이 무너지겠구나! 들보가 부러지겠구나! 철인이 시들겠구나!" 이렇게 노래하고 나서 이레 동안 앓아누웠다가 서거했다. 애공 16년 기원전 479년 음력 4월 11일, 자공, 증삼 등 제자들이 지켜보는 가운데 73세로 임종을 맞는다.

공자는 노나라 도성 북쪽 사수 부근에 묻혔다. 제자들이 모두 모여 3년간 상복을 입었다. 오직 자공만은 무덤 옆에 여막을 짓고 6년을 살았다. 그 후 공자의 제자들과 노나라의 백성들이 공자의 무덤가에 와서 집을 짓고 살았는데 이를 '공자마을(孔府)'이라고 한다.

훗날 문도들은 공자가 살던 집에 공자의 묘를 세웠다. 공자의 후손들이 대대로 자기 아비들을 이 공자 묘 일대에 묻었고 이것이 차츰 넓어져 하나의 큰 숲을 이뤘다. 이를 공자의 묘와 합쳐 '공림(孔林)'이라 부른다.

인류사에 뛰어난 공자의 인식론

공자의 뛰어난 인식론은 인류사에 문명의 등불을 밝히고 칠흑같이 어두운 암흑세계에 등대 같은 자리를 차지한다. 인간의 이성이라는 것이 모든 것을 알고 모든 것을 지배할 수 있다고 믿는 서구의 합리론은 '합리적 독재와 무차별적 자연정복'이라는 폐단을 불러왔다. 인류사의 많은 문제는 그릇된 인식론에서 비롯된다.

경험론은 다문다견다행(多聞多見多行)의 경험으로부터 널리 배우고 새로운 지식을 얻어 그것을 때맞춰 실천하는 데서 큰 기쁨을 구한다. "배우고 때맞춰 실천하니 어찌 기쁘지 아니한가?(學而時習之 不亦說乎)"라는 『논어』의 첫 구절에서 공자는 경험한 것과 배운 것을 시의적절하게 실천하는 것이야말로 바로 기쁨이라고 천명한다. 공자가 말하는 '학'은 스승이나 책으로부터 배우는 것만이 아니라, 넓은 의미에서 자연으로부터 배우고 직접 몸소 부딪혀 배우는 것을 포함한다. 바로 경험을 말한다.

공자는 "세 사람이 길을 가면 여기에 반드시 나의 스승이 있다.(三人行 必有我師)"라고 말한다. 불특정 다수를 스승으로 삼으라고 가르친다. 자연세계, 사회세계, 만물만사로부터 배워야 한다고 가르친다. 공자에게 배움이란 바로 세상 경험을 이른다. 자연과 사회로부터 배운다는 것은 자연과 사회가 불특정 다수의 스승으로서 우리를 가르칠 수 있기 때문이다. 우리는 책에 의해서 배우고 경험에 의해서 배우고 또 역사에 의해서 배우는 것이다.

공자는 스스로에 대해 말하기를 "나는 나면서부터 아는 자가 아니라 옛것을 좋아하고 이를 힘써 탐구하는 자다."라고 했다. 자신은 전지전능의 신이 아니고, 초인적 선지자가 아니며, 그냥 인간이라는 것을 천명한다. 이 점은 붓다나 예수와 확연하게 다른 점이다.

공자가 말하는 '옛것'은 '오래된 것'이 아니라, 멀고 가까운 과거의 경험 또는 경험자료를 가리킨다. '옛것을 좋아한다'는 말은 '경험을 중시한다', '경험에 충실하다'는 의미이다. 공자의 이 말은 사람이 오만하게 선험적 본유관념을 타고 태어났다고 주장하고 그렇게 망상하는 합리론자를 풍자하는 말일 것이다. 공자는 합리론자가 아니라 경험론자임을 스스로 정의하고 있다.

공자는 이렇게 말한다. "배우기만 하고 생각하지 않으면 공허하고, 생각하기만 하고 배우지 않으면 위태롭기 짝이 없다.(學而不思 罔 思而不學 殆)" 이것은 공자 인식론의 기본 명제이다. 경험하고 배워서 얻었지만 스스로 생각해보고 궁리하여 살펴보지 않으면 자기 것이 되지 못하기 때문에 공허하기 그지없는 것이 된다. 그냥 스스로 생각만 하고 배우거나 경험해 보지 않으면 순전히 자신의 사유만으로 아무 근거 없이 공상하여 지어낼 수밖에 없기 때문에 독단적 오류가 되기 쉬우므로 위태롭기 그지없는 것이 된다.

공자는 합리론보다는 경험론을 중시했다. 공자의 '주학이종사(主學而

從思)'와 '온고이지신(溫故而知新)'은 서구 지성주의가 말하는 선험적 또는 전지론적 세계관과 극명하게 갈린다. 경험과 배움을 주로 하고 거기에 사유가 따르는 '주학이종사'는 아래로 비근한 인간사를 배워 위로 심오한 천리에 통달하려는 '하학이상달(下學而上達)'의 학문 방법론과 일치한다. 공자는 독단을 필연적 진리로 우기는 합리론으로 치우치지 않으면서 경험지식을 절대화하지도 않는다. 겸손하게 중용적 인식방법론을 제시하고 있다.

있지도 않은 타고난 본유관념을 근거로 인간의 작은 두뇌 속에서 논리를 조작하여 득도하려는 합리론자는 자신의 지식을 권력의 정통성으로 내세운다. 인간의 두뇌를 굴려 진리를 산출하는 합리적 득도자는 백성의 협력이나 다문다견다행(多聞多見多行)을 거의 필요로 하지 않는다. 합리적 득도자의 이성적 지식은 경험적 지식이나 과학적 지식을 '동물적 지식'이라며 경멸한다.

합리적 득도자는 필연적으로 이성적 지식이 없어 무식하다고 생각되는 백성들 위에 군림하게 된다. 공자는 '합리적 득도'보다는 '경험적 득도'가 사람을 섬기는 방법이라 생각했다. 공자는 이렇게 말한다. "인간이 도를 넓힐 수 있는 것이지, 도가 인간을 넓히는 것이 아니다.(人能弘道 非道弘人)"

우리나라 조선시대 선비 중의 선비 다산 정약용은 송나라 시대 나온 정자·주자의 신유학(성리학)보다 공자·맹자 시대의 원시유학을 숭모했다. 다산은 공자에게서 확고한 실학정신을 발견했던 것이다.

공자는 허학을 배격하고 실학을 중시했던 성인이다. 공자의 실학정신은 확고부동하다. 공자는 제자가 귀신에 대해 묻자, "미능사인 언능사귀(未能事人 焉能事鬼)"라고 대답한다. "산 사람도 제대로 섬기지 못하는데 어찌 귀신을 섬긴단 말인가?"라는 뜻이다.

공자는 사람이 죽은 뒤의 일을 마치 직접 본 것처럼 주위 사람들에게 세뇌시켜 시주를 받고 봉헌을 챙기는 종교인의 해악을 경계한다. 평생을 실사구시(實事求是) 정신으로 살아온 다산의 실학정신은 공자의 원시유학과 '주학이종사'에 연결되어 있는 것이다.

한국인 고유의 위대한 '선비정신'을 계승하자!

오늘날 세계는 '선비', '선비정신', '선비 리더십'을 새롭게 조명하고 있다. 그 이유를 살펴보기 위해 먼저 현대사회의 특징을 알아보자.

현대사회의 특징은 크게 다음의 3가지로 설명할 수 있다.

첫째, 현대사회는 투명화 사회이다.

스마트폰이 나온 뒤로는 컴퓨터 시대에서 모바일 시대로 돌입했다. 인터넷, SNS 등으로 모든 정보의 웨어러블 시대, 디지털 시대가 온 것이다. 모든 지식이 투명화되고 모든 정보가 동시화되는 시대에 우리는 살고 있다. 또 누구나 정보의 발신자가 될 수 있고 누구나 정보의 수신자가 될 수 있는 쌍방시대에 우리는 생활하고 있는 것이다. 이러한 사회에서는 무엇보다 사람의 개인인격과 개인책임 그리고 사람이 만든 조직의 사회인격과 사회책임이 반드시 전재되어야 하는 시대이다.

둘째, 현대사회는 보편화 사회이다.

즉 대중화 사회이다. 투명화 사회에서 얻은 정보의 공유, 지식의 공유, 기술의 공유, 지혜의 공유, 문화의 공유 등으로 우리의 삶은 양적으로나 질적으로나 아날로그 시대와 비교할 수 없을 정도로 변화의 속도가 빠르고 변화의 향방이 다양해졌다. 이러한 사회에서는 무엇보다 선택과 판단을 위한 잣대와 기준이 매우 중요하다. 타인이 선택한다고 나도 따라서 맹목적으로 그것을 선택하는 쏠림 현상이 쉽게 나타날 수 있다. 남이 하니까 따라 하는 것은 일시적 유행은 될 수 있지만 모두에게 이로움을 줄 수 있는 유익한 공동선은 되지 않는다. 우리가 하는 판단과 선택에는 옳고 그름의 잣대와 선과 악의 기준이 합당해야 하고 공동체를 위한 공동선이냐 아니냐를 분별해야 한다. 사물에 대한 '격물(과학적 탐구)'과 '치지(정확하고 확실한 앎)'를 바탕으로 판단과 선택이 필요한 시대이다.

셋째, 현대사회는 다문화 사회이다.

즉 다양한 문화가 한 곳에 공존하는 시대이다. 지구촌 어느 나라의 어느 민족이라도 대한민국 국민이 될 수 있고 우리와 더불어 동고동락할 수 있다. 반대로 한국인이 외국에 나가서 그 나라의 국민이 될 수 있고 그들과 동고동락할 수도 있는 것이다. 현대사회는 인종이 다르고, 종교가 다르고, 사상이 다르고, 문화가 다른 사람들이 상호 인정하고, 상호 이해하고, 상호 소통하고, 상호 존중하고, 상호 상생해야 하는 사회다. 이러한 사회에서는 무엇보다 인간으로서 '성의(정성)'와 '정심(양심)'

이 전제되어야 한다. 그렇지 못하면 인간의 삶은 변화하는 세상과 사물에 적응하지 못하고, 서로 화합하지 못하게 되어 불만, 불안, 불화, 불평, 불신 등에서 벗어날 수 없다.

현대사회의 특징인 투명화 사회, 보편화 사회, 다문화 사회에서 인간이 상호 승승할 수 있는 길은 바로 '평천하'의 길이다. 선비가 지향하는 최고의 목표지점은 '평천하'이고 '평천하'를 이뤄낼 수 있는 리더십은 '선비 리더십'이다. 오늘날 세계의 지성인들이 한국의 '선비'와 한국의 '선비정신'과 한국의 '선비 리더십'을 부러워하고 탐내는 이유이다.

오늘날 현대사회에서 새롭게 조명한 한국의 '선비'는 다음의 3가지 의미로 정의된다.
– 선비는 행동하는 지성인, 문화인, 모범인이다.
– 선비는 도덕적 삶의 사회화에 앞장서는 리더이다.
– 선비는 공동체를 위해 공동선을 창조하는 엘리트이다.

인간의 삶에서 선비가 생각하고 말하며 행동할 때 실천덕목의 바탕으로 삼은 '선비정신'의 요체는 인(仁)·의(義)·예(禮)·지(智)·효(孝)·충(忠)·경(敬)·신(信) 의 8가지 단어로 요약할 수 있다.

위의 8가지 선비정신의 요체 중에서 인(어짊), 의(옳음), 예(바름), 지(슬기)는 개인인격의 확립을 위한 덕목이고, 효(배려), 충(책임), 경(섬김), 신(신뢰)은 사회인격의 완성을 위한 덕목이다.

선비정신에서 가장 중요한 단어는 '실천'이라는 단어이다. 모든 선비정신은 실천하는 덕목이기 때문이다. 아무리 유려하고 화려한 말로 치장을 하더라도 스스로 실천하지 못하는 덕목은 선비정신이라 할 수 없다.

선비의 실천덕목은 수없이 많이 있지만 리더로서 갖추어야 할 '선비 리더십'의 실천덕목을 8가지로 정리하면 다음과 같다.

- 학행일치(學行一致): 배운 것을 행동으로 옮긴다.
- 언행일치(言行一致): 말한 것을 행동으로 옮긴다.
- 심행일치(心行一致): 마음먹은 것을 행동으로 옮긴다.
- 살신성인(殺身成仁): 몸을 던져 어짊을 실천한다.
- 거의소청(擧義掃淸): 국운을 바로잡기 위해 정의의 깃발을 높이 들어 오랑캐와 소인배를 쓸어낸다.
- 극기복례(克己復禮): 사욕을 누르고 공동체의 질서와 상생을 위한 예를 실천한다.
- 법고창신(法古創新): 전통을 바탕으로 새 시대를 위한 새 시대에 맞는 새로운 공동선을 새롭게 창조한다.
- 솔선수범(率先垂範): 도전의식, 개척의식, 주인의식, 소명의식으로 자기가 맡은 분야와 인간으로서의 본분을 위해 스스로 앞장서 나가 모범을 실천한다.

지구촌에서 삶을 영위하고 있는 인간의 세상은 고대사회, 중세사회, 근대사회를 넘어 현대사회인 오늘에 이르렀다. 현대사회는 1차 산업혁명(증기기관발명), 2차 산업혁명(전기발명), 3차 산업혁명(컴퓨터발명)을 거쳐

4차 산업혁명(인공지능발명)의 길에 접어들었다.

4차 산업혁명의 핵심기술인 인공지능에 대한 연구는 인간의 뇌를 모방한 '범용인공지능'을 만들 수 있는 수순을 밟고 있다. 인공지능 로봇에 인간처럼 스스로 학습하고 스스로 판단할 줄 아는 능력을 도출시켜 인간처럼 직관력과 추동력과 창의력을 가지는 것을 목표로 한다.

이처럼 기술이 발전하고 문명이 진보하는 인간의 지구촌 생활 터전에서 모든 것은 세월과 함께 변모하고 변화하며 변천하여 왔다. 하지만 고대사회로부터 현대사회에 이르기까지 아직 변하지 않고 본질을 유지하고 있는 것이 하나 있다. 그것은 '인간의 본성'이라고 필자는 생각한다. 인간에 대한 평판의 잣대도 고대사회로부터 현대사회에 이르기까지 아직 한 번도 바뀌지 않았다.

인간의 본성에는 '도덕성(인의예지)'이 내재되어 있다. 아직 한 번도 변하지 않은 인간에 대한 평판의 기준은 바로 '인간 본성'이다. 인간은 사회적 고등동물이다. 따라서 인간의 사회적 책임은 '윤리성(효충경신)'을 벗어날 수 없다. '도덕성'은 하늘이 내린 인간의 본성이다. '윤리성'은 인간이 정한 공동체의 기준이다. '인의예지효충경신'이 선비정신의 요체가 되는 이유이다.

인간 본성의 핵심가치를 리더십의 기반으로 삼는 '선비 리더십'은 인간 본성인 '도덕성(인의예지)'과 인간에 대한 사회적 평판 기준인 '윤리성(효충경신)'이 변하지 않는 한, 인간의 개인적 삶과 인간공동체의 사회적 삶을 가치 있게 그리고 행복하게 지탱해 주는 주춧돌과 나침반 역할을 담당해 줄 것이다.

한국인의 정체성이 암시하는 '선비 리더십'

한국인 '선비 리더십' 유전자에는 '멋', '흥', '정', '한'의 4가지 정체성이 함축돼 있다.

한국인은 멋을 아는 사람이다

멋이란 무엇인가? '멋'은 '무엇'이다.

'무엇'은 말이나 글로 표현할 수 없는 지극한 것이다.

멋의 가까운 말에 풍류(風流)가 있지만 이것은 한문으로 표현된 단어이고, 멋은 순수한 한글 표현이다.

멋의 사전적 풀이를 보면 '인간의 행동양식, 예술, 기예 및 사물의 존재 약식에서 한국인의 독특한 감각으로 여과표출 되는 미적 관념 내지는 미적 형태'라고 설명하고 있다.

멋을 나타낼 수 있는 딱 들어맞는 외국어는 찾아보기 힘들다. 멋은 한국말로도 몇 마디로는 멋의 뜻을 전부 풀이하기 어렵다. 그 말에는 일반적 의미가 아닌 특수한 의미가 있기 때문이다.

한자로 표현하는 풍류(風流)나 서양의 유머는 한국의 멋에 가까운 것일 수가 있다. 그러나 풍류나 유머는 멋의 한 속성(屬性)으로서 멋의 한 단면이 될지는 몰라도 멋이라는 개념의 전부가 될 수는 없다. 멋은 그만큼 한국적 독자성을 가지는 말이다.

가령 영어의 유머(humor)를 우스개, 익살, 재치, 재담 등으로 번역해도 크게 느낌이 다르지는 않지만 멋으로 번역하기에는 너무 거리감이 생긴다.

한편 한국어 '멋'을 영어로 번역하기에는 역부족을 느낀다. 적당한 단어가 영어에 없기 때문이다. 멋은 아(雅)도 아니고 속(俗)도 아니다. 통속적인 면이 있지만 범속하다고 하기에는 너무 고상하여 쉽게 접근할 수 없는 '무엇'이 있다.

'멋'은 '맛'에서 출발된 말이라고도 할 수 있다. 두 말에는 음상(音相)의 대립이 있을 뿐 동의어라는 견해에 대해서는 이견이 없다. '맛'이 감각적 뜻을 지니고 '멋'은 감성적 뜻을 지닌다고 하는 주장도 있다. 하지만 '멋'이 '맛'에서 출발한 말임을 인정하는 점에서는 공통된다.

'멋'은 '맛'을 바탕으로 하여 그것을 다시 뛰어넘은 것이므로, '멋'에는 일반적인 '맛'이 있을 뿐 아니라 특수한 '맛'까지 있다. 그러나 '맛'은 다만 '맛' 그대로일 뿐이다. '멋'은 어느 것이나 '맛'을 동반하지만, '맛'은 어느 것이나 다 '멋'이 되지는 않는다.

우리는 흔히 아름다움을 멋과 혼동한다. 멋은 분명히 아름다움의 한 모습이지만 모든 아름다움이 멋은 아니다. 멋은 생활풍속에 대한 애정이나 익숙해진 감정과 혼동되어서도 안 된다. 그 존재 양태의 여하에 따라 멋이 될 수도 있고 안 될 수도 있을 뿐이고, 그 자체를 멋이라고 할 수는 없기 때문이다. 멋은 정형의 틀을 부수는 형태미를 가진다. 가야금 산조나 시조 문학에서의 탈 정형이 바로 그런 것이다. 그러면서도 멋의 탈 정형은 산만으로 끝나는 것이 아니라 중심과 통일성에서 벗어나지 않는다. 멋은 일종의 초탈 미를 가진다. 실용성이나 공리성과 관계

없는 잉여성을 가지고 해학성을 가진다.

멋은 단일성보다는 다양성을 가진다. 다양성은 단조로움에서 벗어나려는 변화에의 의욕이다. 이 멋의 다양성은 '흥청거림', '신명', '흥'이라는 말로도 진화된다.

멋의 참다운 마음자리는 낙천성이다.

이 낙천성은 조화와 절도(節度), 성실과 유락(愉樂)을 바탕으로 하여 유유자적하는 경지를 말한다. 멋의 유락은 외부에서 찾지 않고 자신의 내부에서 찾는 것이며, 흥청망청 흐트러진 상태가 아닌 단아하고 깨끗한 청빈의 상태에서 찾는 낙도(樂道)의 경지이다.

멋은 선비정신이 찾던 마음자리이기도 하다. 멋은 낙도의 경지에서 스스로 자기 지배를 하고 타인의 숨어 있는 멋을 유발하는 영향력을 가진다.

멋은 한국인 특유의 리더십 유전자이다.

한국인은 흥을 아는 사람이다

흥이란 즐거움, 성취욕, 기쁨, 사기를 일으키는 에너지다.

우리가 흔히 들을 수 있는 흥 타령에는 남도 흥 타령(육자배기), 경기 흥 타령(천안삼거리) 등이 있다.

'품바'는 타령의 장단을 맞추고 흥을 돋우는 소리이다. 입으로 뀌는 방귀(입 방귀)라고도 한다. 지금은 장터나 길거리로 돌아다니면서 동냥하는 각설이나 걸인의 대명사로 일반화되고 말았지만, 원래의 '품바 공연'은 국민적 에너지를 부활시키는 장단과 타령과 이야기가 곁들여진 흥겨운 춤이었다.

'품바'에 함축된 의미는 가진 것 없는 허(虛)를 의미하고, 텅 빈 상태의 공(空)을 의미하고, 도를 깨달은 경지의 순수함을 의미하고, 품(稟)자에 연유되어 '주다', '받다'를 의미하고, 품앗이, 품삯 등에 쓰이는 말에 연유되어 '수고'를 의미하고, '사랑을 베푼 자만이 희망을 가진다'를 의미하고, 타령이 시작할 때와 끝날 때에 '품바'라는 소리를 내어 시작과 끝을 알리는 의미를 가지기도 한다.

흥에서 농악이 탄생한다.

농악은 농촌에서 집단노동이나 명절 때 흥을 돋우기 위해서 연주되는 음악이다.

농악을 다른 이름으로는 풍물, 풍장, 놀이, 굿이라고도 한다.

김매기, 논매기, 모심기 등의 힘든 일을 할 때, 일의 능률을 올리고, 피로를 덜며, 협동심을 불러일으키려는 데서 비롯된다. 지금은 각종 명절이나 풍년제, 동제(洞祭) 등의 걸립굿, 두레굿에서 빼놓을 수 없는 의식으로 남아 있다.

흥을 돋우는 소리 '품바'는 예악(禮樂)으로 평안, 평등, 평화를 구현하고자 하는 선비정신의 공동체협업놀이로 살아 있다.

흥은 한국인이 가지고 있는 고유한 리더십 유전자이다.

한국인은 정이 있는 사람이다

정이란 인간미의 대명사다. 인간미란 '사람다움', '인간다움'을 말한다.

'조선실천성리학'에서 말하는 정이란 이(理)에서 근본적으로 발현되어 기(氣)로 나타난 감성이다.

이(理)라는 것은 사단(四端)이고, 사단은 인의예지(仁義禮智)를 말한다. 기(氣)에서 발현된 감성이 이(理)를 타는 것을 칠정(七情)이라 하여 희노애구애오욕(喜怒哀懼愛惡慾)을 의미한다.

한국인에게 정이란 칠정(七情)이다.

한국인의 정은 한마디로 설명이 어려운 복합적으로 조화된 인간의 감성이다.

한국인만이 간직하고 있는 연민이고 끈끈한 인간적 연대의식이다.

한국인의 삶은 정의 삶이다. 한국인 부부의 삶도 정의 삶이다.

1969년 12월 그 해가 저무는 어느 날 부산에서 목회활동을 하고 있던 미국인 선교사가 교회에 나오는 한국인 할아버지에게 질문하였다.

"지금도 부인을 사랑하십니까?"

할아버지가 대답했다.

"아니요, 우리는 사랑하지 않습니다."

"그런데 어떻게 백년해로하십니까?"

"우리 부부는 정으로 살고 있습니다."

그 미국 선교사는 이 말을 이해할 수 없었다.

서양에는 우리의 정이라는 단어에 꼭 들어맞는 단어가 없었기 때문이다.

사랑은 변하지만 정은 변하지 않는다. 정은 정나미가 떨어졌다가도 반드시 다시 붙는다. 정이란 한 번 들면 참으로 끊기 어려운 것이다. 정은 미운 정 고운 정이 다 어우러져 있기 때문이다.

사랑에는 고운 사랑만 있지 미운 사랑이 있을 수 없다. 미운 사랑은 증오가 되기 때문이다. 증오는 저주를 불러오고 저주는 파탄을 불러온다.

사랑은 뜨거울 때 사랑이 된다. 하지만 사랑이 식으면 금방 미움으로 바뀐다. 이 미움이 진화하면 증오로 변하고, 증오가 쌓이면 저주가 되고, 저주는 파탄을 불러오게 된다.

그러나 정으로 사는 삶은 더불어 사는 삶이고 행복한 삶이며 영원한 삶이 될 수 있다.

사랑은 뜨거웠다가 쉽게 식어버리지만 정은 온돌방 아랫목처럼 따뜻함이 오래간다. 한국인 부부는 서로 뜨겁게 좋아하기보다는 상대방을 인생의 반려자로 감싸는 따뜻함으로 살아간다. 뜨거운 사랑보다는 따뜻한 정으로 살아가는 것이다.

이러한 따뜻함, 은근함, 끈끈함이 백년해로의 기본이 되는 것이다.

정은 한국인이 다른 사람을 따뜻하게 감싸는 리더십 유전자이다.

한국인은 한이 있는 사람이다

한(恨)이란 말은 한국인에게 특별한 의미로 존재한다.

한(恨)이란 말이 쓰이는 예를 보자.

‘한을 품다.’

‘한이 맺히다.’

‘한이 서리다.’

‘천추의 한이다.’

‘맺힌 한을 풀다.’

‘서린 한을 달래다.’

‘이제 죽어도 한이 없다.’

한(恨)은 한국인의 영속성을 지탱해 주는 에너지다.

한(恨)은 한국인에게 인내, 도전, 용기, 희망, 소망, 믿음, 사랑을 주는 집단 에너지다.

한국인에게 한(恨)은 결코 부정적인 이미지가 아니다.

한국인에게 한(恨)이란 강렬한 희망을 담은 긍정적 이미지의 표현이다.

한국인에게 한(恨)은 생명과 활동의 원자핵이며 열정과 집중이 담긴 미래의 비전이다.

한(恨)은 한국인 특유의 리더십 유전자로 계승되고 있다.

한(恨)은 한국인 최고의 리더십 유전자다.

한국인은 이렇게 멋, 흥, 정, 한의 정체성을 가지고 태어난다.

이건 바로 유전적으로 한국인이 훌륭한 지구촌의 리더가 될 수 있다는 것을 의미한다.

오늘날 지구촌이 요구하는 글로벌 리더십의 5대 핵심요소는 창의력,

생산력, 통찰력, 융합력, 판단력 등이다.

한국인은 세계에서 가장 강력한 창의력, 생산력, 통찰력, 융합력, 판단력의 유전자를 가지고 있다.

한국인의 유전자에 녹아 있는 엄청난 잠재력을 발휘하려면 상호 갈등, 대립, 반목을 유감없이 통찰해야 하고 대승적 포용으로 융합해야 한다. 화이부동(和而不同)하고 구동존이(求同存異) 하는 협업정신을 살려야 한다.

선비정신이 구현하고자 하는 대동사회는 평안, 평등, 평화가 공존하는 '평천하' 사회이기 때문이다.

제 2 장

부록

부록 I: 선비와 선비정신의 본질

현대적 선비의 정의

– 선비는 행동하는 지식인, 문화인, 모범인이다.

– 선비는 도덕적 삶의 사회화에 앞장서는 리더이다.

– 선비는 공동체를 위한 공동선을 창조하는 엘리트이다.

전통적 선비의 삶

온몸으로 인식하고(體認)

온몸으로 성찰하며(體察)

온몸으로 시험하고(體驗)

온몸으로 실천한다(體行)

"선비의 삶은 학문과 자신의 삶을 일치시키는 삶이다."

정구(1543~1620)

사람의 세 등급

‒ 도덕에 뜻을 두는 사람: 그는 공명에 연연하지 않는다.

‒ 공명에 뜻을 두는 사람: 그는 부귀에 연연하지 않는다.

‒ 부귀에 뜻을 두는 사람: 그는 못하는 짓이 없을 것이다.

선비는 '도덕'에 입각하여 자아를 완성하고 타자의 성취를 위해 노력한다.

성기성물(成己成物)

도덕: 하늘의 뜻(道)을 자신의 것으로 인격화하여 땅에 쌓는 본분(德)

"선비는 공명부귀를 자아상실의 요인으로 여겨 경계한다."

『논어집주(論語集註)』

선비의 기개

세상에서 가장 넓은 집(仁: 사랑)에 살고,

세상에서 가장 바른 자리(正: 예의)에 서며,

세상에서 가장 큰길(義: 대의)을 걷나니,

뜻을 펼 기회가 주어지면 만민과 더불어 그것을 행하고, 그렇

지 않으면 혼자만이라도 그 길을 가리라. 부귀도 이 뜻을 어지럽
히지 못하고, 빈천도 이 뜻을 변절시키지 못하며, 권세나 무력도
이 뜻을 꺾지 못할 것이니, 이를 일러 대장부라 한다.

맹자(孟子)

선비의 학습 과목

선비의 이상형은 끊임없는 지·덕·체 훈련의 산물이다.
선비가 연마한 학습 과목은 아래와 같다.

- 지성훈련을 위한 인문학 과목: 철학, 역사, 문학, 언어(哲, 史, 文,
  言)
- 덕성훈련을 위한 예술학 과목: 시, 서, 화, 악, 가, 무(詩, 書, 畵, 樂,
  歌, 舞)
- 체성훈련을 위한 무사학 과목: 말타기, 활쏘기, 칼쓰기(馬, 弓, 劍)

선비의 학습 목표

"배우고 때맞춰 실천하니 기쁘지 아니한가?"
"벗이 있어 멀리서 찾아오니 즐겁지 아니한가?"

(學而時習之 不亦說乎. 有朋 自遠方來 不亦樂乎)

『논어집주(論語集註)』

선비의 학습은 실천하기 위해 존재한다. 배우고 그것을 때맞춰 실천하는 일만큼 기쁜 일은 없다.

선비의 학습은 인간관계(사이)를 위해 존재한다. 멀리서 사람들이 찾아올 정도의 인간관계를 수립한다면 이보다 더 즐거운 일은 없다.

선비의 존재 이유

선비의 존재 이유는 진리탐구와 도덕실천에 있다.

선비는 진리를 탐구하고 도덕을 실천하는 사람이다.

진리탐구와 도덕실천은 인간의 삶과 인간사회를 존립하게 하는 중추이다.

선비는 진리와 도덕을 인간생활의 필수요건으로 생각한다.

선비는 진리와 도덕을 수호하고 보전하는 것이 일차적으로 사람이 반드시 해야 할 일이라고 생각한다.

선비는 진리탐구와 도덕실천을 위하여 지식의 온전한 체득(體得)과 몸으로 들어내는 체현(體現)을 중시한다.

선비는 하늘이 부여한 인간의 위대한 본성을 체현하고 실현하기 위해 허공에 사상누각을 짓지 않고 철저하게 일상의 현실에 발을 딛고 있으며 관계의 조화와 균형을 추구하는 것을 존재의 본질로 생각한다.

선비와 자연

선비의 도덕의식은 인간관계를 넘어서 자연과 유기적 관계의 인식을 가진다.

내 마음의 움직임에 우주가 흔들린다.(天人相感. 天人合一. 物我一體)

"우리 몸 세포 속의 어떠한 미세한 작용도 전체 양자의 장에 감지되지 않고 지나치는 일은 없다."

물리학자 디팩 초프라

"하늘과 땅은 이 세상만물의 큰 부모이므로, 만민은 모두 나의 형제요, 만물은 나와 더불어 사는 이웃입니다."

퇴계 이황이 임금에게 한 말.『퇴계전서(退溪全書)』

선비의 자연관, 세계관

유기체적 인식

자연은 만물의 요람이다. 자연의 세계는 결코 적자생존, 약육강식의 배타적이고 독존적인 정글법칙 존재가 아니다. 만물은 상호의존, 조화친목, 공생공영하는 상보적이고 관계적인 상생법칙 존재이다.

생성론적 인식

자연은 살아 있는 유기체이므로 정지 상태가 아니라 끊임없는 생성과 변화의 역동적인 과정 속에 있다.

선비는 시간적(天) 변화관념은 물론 공간적(地) 실체 관념에도 익숙하다. 서양은 공간적 기하학에 전체우주를 넣고 공간적 도량으로 자연을 표현한다. 때문에 공간적 구조가 중요시되고 시간적 지위는 무시된다.

하지만 선비는 만물을 바라보는데 공간과 시간의 합일적 동시적 생성변화과정을 균형 있게 중요시한다.

그 결과 사람(人)은 시간과 공간의 생성변화에 융합하기 위해 '일신 우일신(日新 又日新)' 하면서 삶의 쇄신, 자아혁신, 자아향상을 위해 부단히 수양해야 한다.

시간인 하늘(天)과 공간인 땅(地)과 그를 연결하는 사람(人)이 함께하여 천지인(天地人) 삼재의 융합 합일을 이룰 수 있다고 생각한다.

선비의 생성론적 인식과 시간적 인식

선비는 자신을 개인을 넘어 세대 간 연쇄질서로 인식한다.

선비는 자신을 조상과 후손을 잇는 불가결의 존재로 여긴다.

선비는 '근본에 보답하고 시원으로 돌아간다'는 보본반시(報本反始)의 공동체 사상을 가진다.

『예기(禮記)』

선비는 효(孝) 사상을 모태적으로 가진다. 이것이 공동체 사상 형성의 씨앗이 된다.

서양의 실체론적 사고는 사물을 타자와 상보하지 않는 독립개체로 인식한다.

서양은 사물을 유무(有無)와 시종(始終)의 각도에서 살핀다. 따라서 사물과 사물 간의 관계와 사물과 인간의 관계는 단절적이고 불연속적일 수밖에 없다. 이것이 개체주의, 개인주의적 사상 형성의 씨앗이 된다.

서양 개인주의와 신(神) 관념

서양의 개인주의는 자신을 조상과 후손으로부터 스스로 고립시킨다. 개인은 전후좌우에 둘러싼 단절을 해명할 수 없어 실존의 허무와 공포에 시달린다. 개인주의는 타자(조상, 후손)와 단절된 존재의 절대고독 및 불안을 해소하기 위해 초월적 실체인 신(神)을 찾아 존재와 삶에 대한 허무를 구원받고 싶어 한다. 개인주의 사회에서 신(神)적 관념이 지배적인 이유이다.

선비와 유무(有無), 시종(始終) 관념

선비의 생성론적 사고는 존재의 유무, 시종 관념을 드러내지 않는다. 모든 사물은 타자와 유기적인 관련을 맺으면서 천지자연의 생성 및 변화활동에 참여하기 때문이다.

하나의 사람은 타자를 그의 존재 안에 포함한다. 또 우주 전체를 그 안에 반영한다.

모든 존재는 본질적으로 상호 관련이 있다는 선비의 사고에는 유무, 시종 관념이 나타나지 않는다.(서양의 개인주의는 유무, 시종 관념이 나타나서 창조론, 종말론을 만든다.)

선비와 형이상학

선비는 형이상학의 정점에 이(理)를 놓는다.

선비의 이(理)는 우주 만물의 궁극적 원리, 사물의 이치, 삶의 원칙, 삶의 도리로 풀이된다.

이(理)는 그것을 가리키는 표현상 천(天), 천명(天命), 제(帝), 상제(上帝), 도(道), 천도(天道), 태극(太極), 건(乾), 신(神)의 개념을 포괄한다.

퇴계가 본 이(理)의 복합개념

천(天)을 포괄적으로 말하면 도(道)라 한다. 그것을 형체(形體)의 관점에서는 천(天)이라 하고, 성정(性情)의 관점에서는 건(乾)이라 하고, 주제(主帝)의 관점에서는 제(帝)라 하고, 공용(功用)의 관점에서는 귀신(鬼神)이라 하고, 묘용(妙用)의 관점에서는 신(神)이라 한

다. 모두 천지의 조화이지만 가리키는 바에 따라 말이 다른 것일
뿐이다.

『퇴계전서(退溪全書)』

선비와 우주적 자연생명 정신

인(仁)은 단순히 '어짊'과 '사랑'이라는 뜻에 한정되지 않으며, 자
연의 생명정신에 닿아 있다.

인(仁)이란 천지가 만물을 생육하는 마음이다. 해와 달은 이 땅
에 있는 곳을 모두 비추며, 천지의 드넓은 사랑은 만물로 하여금
각기 제 자리를 얻게 해 준다.

퇴계(退溪) 『성학십도(聖學十圖)』

선비의 우주적 자연생명 정신이 인간에게는 도덕생명 정신으
로 구현된다.

선비가 보는 사물의 보편성과 개별성

섭리는 하나이지만 그것이 구현되는 방식은 다양하다.
만물은 보편적 본질 속에서 개별적 특수성을 잃지 않는다.
만물은 개별적 특수성 속에서 보편적 본질을 잃지 않는다.

퇴계(退溪) 『성학십도(聖學十圖)』

선비가 보는 자연섭리

자연섭리는 부동적 실재가 아니라 역동적 작용이다. 그 작용은 방향성, 연속성을 가지며 질서와 의미를 내포한다.

선비는 이를 크게 4가지로 범주화하여 원·형·이·정(元亨利貞)으로 본다.

이(理)는 본래 하나인데 그 덕(德)이 4가지로 나뉜다. 모든 만물은 태어남이 있고, 태어남이 있으면 성장이 있고, 성장이 있으면 결실이 있고, 결실이 있으면 완성이 있다. 탄생, 성장, 결실, 완성의 4가지 과정을 덕의 명칭으로 정립한 것이 원·형·이·정이다.

선비와 원·형·이·정 정신

원(元)

자연의 원초적 생명 시작의 정신을 뜻한다. 생명활동을 지배하는 근원적 정신이다. 새싹이 돋아 나는 봄과 같은 정신이다. 선비는 천지의 생명 정신을 본받아 새롭게 태어나는 새싹이 된다.

형(亨)

생명 형통의 정신을 뜻한다. 생명을 길러 꽃피우는 정신이다. 만물의 성장을 돕는 여름과 같은 정신이다. 만물 형통에 필요한 예의는 자타 간에 교류되어야 할 생명질서다. 선비의 성장은 아름다운 예의를 통해서 이루어진다.

이(利)

생명 정신의 결실을 뜻한다. 본성에 따라 생명이 성숙하고 결실하는 정신이다. 만물이 결실하는 가을과 같은 정신이다. 선비는 결실을 거두기 위해 이타의 이념을 정의에 부합시켜 펼쳐 나간다.

정(貞)

생명완성의 정신을 뜻한다. 완성은 생명의 종결을 의미하지 않는다. 새싹을 준비하는 신생의 씨앗이 되는 것으로 존재의 완성을 이룬다. 완성에는 시작의 이치가 들어있다. 한 생명의 평면성을 뛰어넘어 영원에 참여하는 입체성을 갖는다. 생명을 내면에 보듬어 안아 숨겨버리는 겨울과 같은 정신이다. 선비는 영원한 생명력을 보존하여 만사의 바탕을 이룬다.

선비의 생명관과 존재관

일반적으로 서양인은 생명을 생(生)·장(長)·쇠(衰)·멸(滅)의 관점에서 바라본다. 이는 사물을 타자와 분리시킨 단수적, 개체주의적 사고이다. 삶은 태어남에서 시작하여 자라고 늙어서 죽는다는 것이다.

여기에 실존의 한계상황이 오고 허무의식이 증폭된다. 오직 창조주인 신만이 저 허무로부터 인간을 구원해 줄 것처럼 보인다.

선비의 생명관인 원·형·이·정의 관점에는 허무의식이 존재하지 않는다. 복수적이고 연결주의적인 사고에서는 생멸의 관점에서 살피는 개체주의와 달리, 사물의 본질을 하나의 개체에 국한시키지 않으며 그 전후의 시간과 그 좌우의 공간으로까지 시야를 확대한다.

나를 독립적인 하나의 개인으로 여기지 않고 조상과 후손의 관계 속에서 바라보며 쇠멸과 함께 존재를 허무하게 마감하는 것이 아니라 결실과 완성을 통해 존재의 연결질서 안에서 새로운 생성에 참여한다.

여기에서 '쇠'와 '멸'이라는 부정성이 '결실'과 '완성'이라는 긍정성으로 반전된다.

선비는 세상에 허무한 것은 아무것도 없으며 구원자는 이 세상 밖의 초월자가 아니라 내 안에서 우주적이고 신적인 의미를 얼마나 실현하느냐에 달려 있다고 생각한다.

이것은 선비의 학문이 내세 중심이 아니고 어디까지나 현세 중심인 까닭이다.

자연과학적이고 기초과학적인 궁리는 선비의 학문 방법이고 선비의 학습과제다. 선비는 만물의 이치를 탐구하고 인간의 본성을 실현하여 하늘의 뜻(道)에 다다르는 것을 생활실천 성리학(性理學)의 목표로 생각한다.

선비와 음양오행(陰陽五行) 사상

원·형·이·정이 자연의 섭리를 만물생성의 국면에 따라 4가지
로 범주화한 것이라면, 만물생성의 질료적 요인을 분석한 것이 음
양오행이다. 만물이 실제로 생성하고 변화하는 데에는 음양과 오
행의 에너지인 기(氣)가 작용한다는 것이다.

음양은 기의 두 가지 속성이다. 생성적이고 진행적인 힘의 성질
을 범주화한 것은 양이고, 상대적으로 쇠멸적이고 퇴행적인 힘의
성질을 범주화한 것은 음이다.

음양은 이원적인 것이 아니라 하나의 힘의 성질을 분화양상으
로 표현한 것이다. 따라서 음 속에는 양의 성질이 내포되어 있고
양 속에는 음의 성질이 내포되어 있다.

음양(陰陽)의 본질

음과 양은 양립을 거부하지 않고, 서로 배척하지 않는다. 오히
려 자기발전과 완성의 조건으로 상대를 보듬고 필요로 하며, 상
호 간 생산적인 조화를 지향한다.

음과 양은 본질적으로 타자를 그의 존재 안에 내포한다. 타자
와 상호교섭 없이 단독으로 존재할 수 있는 것은 아무것도 없다.

음양사상은 사회공동체 이념의 원형이다.

오행(五行)의 본질

오행은 사물의 변화상에 나타나는 다섯 가지 기본성질(에너지)인 수·화·목·금·토(水·火·木·金·土)를 뜻한다.

오행은 "영원한 순환운동의 다섯 가지 역동적인 힘(Five powerful forces in ever-flowing cyclical motion)"이라고 정의된다.

조셉 니담

오행은 음양의 상호작용 속에서 전개되는 다섯 가지 특성이다.

오행(五行)의 세 가지 배열질서

오행은 생성질서(生成秩序)의 성질상 수·화·목·금·토의 순서를 갖는다. 수기(水氣)를 먼저 낳고, 이어 화기를 낳고, 목기를 낳고, 금기를 낳고, 토기를 낳는 순서로 형상적인 성질을 드러낸다.

오행은 목·화·토·금·수의 운행질서(運行秩序)를 갖는다.

목은 화를 낳고, 화는 토를 낳으며, 토는 금을 낳고, 금은 수를 낳으며, 수는 다시 목을 낳는다. 이를 다른 표현으로 상생질서(相生秩序)라고 말한다.

오행은 운행질서를 건너뛰면 수·화·금·목·토라는 상극질서(相剋秩序)를 갖게 된다. 이를 오행 전개질서의 변형이라 말한다.

선비의 학문은 인간학

선비의 학문은 기본적으로 인간학이다.

"인간이란 어떠한 존재인가?"

"나는 어떻게 살아야 할 것인가?"

라는 주제로 깊은 사변과 성찰을 행하고 그것을 실천에 옮기는 삶의 철학이 인간학이다.

선비는 "새도 제가 머무를 자리를 아는데 사람이 되어 새만도 못해서야 되겠는가?"라고 묻는다.

『대학(大學)』

선비의 학문은 도덕적 인간학

선비의 학문은 궁극적으로 나(인간)의 성찰과 완성에 그 목표를 둔다.

나는 타자와 만물을 자신의 존재 속에 내포하고 있다.

세계와 만물은 내 존재의 피가 되고, 살이 되어 내 안에 공존한다.

그러므로 나의 존재를 파헤쳐 보면 거기에는 이 세상의 모든 것들이 다 드러난다.

선비와 자아실현 정신

선비의 자아실현은 성인(聖人)을 목표로 한다.

– 천하에 지극한 성인은 자신의 본성을 남김없이 실현한다.

– 자신의 본성을 남김없이 실현하므로 남들의 본성을 실현시켜준다.

– 남들의 본성을 실현시켜주므로 만물의 본성을 실현시켜준다.

– 만물의 본성을 실현시켜주므로 천지의 만물생성과 발육을 도울 수 있다.

– 천지의 만물생성과 발육을 도울 수 있으므로 천지와 더불어 나란히 설 수 있다.

『중용(中庸)』

선비와 무사공변(無私公辨) 정신

하늘은 사사롭게 덮는 것이 없고, 땅은 사사롭게 싣는 것이 없으며, 해와 달은 사사롭게 비추는 것이 없다. 이 세 가지를 본받아 천하를 위해 일하는 것, 이것을 무사(無私)의 정신이라 한다.

『공자한거(孔子閑居)』

하늘과 사람은 하나로서 양자 사이에는 원래 구별이 있는 것이 아니다. 다만 하늘·땅은 사(私)가 없는 데 반해 사람은 사를 갖기 때문에 천지처럼 위대하지 못한 것이다. 성인은 사를 갖지 않기 때문에 그 덕이 천지와 합하고 선비는 사를 없애 나가므로 그의 행동이 성인에 합치한다. 공부하는 사람은 힘써 사를 극복하고 넓은 도량을 회복하여 성인의 경지에 이르도록 해야 할 것이다.

『율곡전서(栗谷全書)』

선비의 문화에 대한 사고

문화란? 초목금수처럼 자연 그대로 살 수 없는 인간존재의 특성상, 인간이 자연을 가공하여 삶을 영위하는 과정에서 이룩해 나가는 유 무형의 모든 형식을 말한다. 사람은 자연 그대로 살 수 없으며 문화의 세계에서만 비로소 사람됨의 의미를 얻을 수 있다. 문화는 인간의 제2 천성이다.

도가(道家)의 무위자연(無爲自然)은 인간의 문화적인 본성 자체를 부정한다. 도가는 자연을 인위와 인문이 배제된, 언어에 의해서 조차 규정될 수 없는 생명의 요람이요, 존재의 근원으로 여긴다.

서양은 인간과 자연을 이원화하여 자연을 정복과 개발의 대상으로 여긴다. 그러한 방식으로 문화를 창조해 온 서양인은 애초부터 자연을 본받고자 하지 않는다. 자연은 신의 저급한 작품일 뿐이라 여겨, 인간을 불편하게 만드는 자연을 개조하고 변형하고 파괴하는 일을 당연시한다.

도가철학은 문화부정의 자연주의라 할 수 있고, 서양철학은 자연부정의 문화주의라 할 수 있다.

선비(儒家)의 유위자연(有爲自然)은 자연의 우주적 순리에 따르면서 자연의 이치를 궁리하고 탐구하며, 그것을 인위의 언어로 가치개념화하고 실천논리화한다. 선비는 자연의 질서인 예(禮)를 모르면 사람으로 설 수가 없다(不知禮 無以立)라고 여긴다. 선비는 예로서 개인과 사회의 생명질서를 확립하고 문화세계를 건설하려 한다.

선비의 문화관은 도가철학과 서양철학의 절충형에 놓여 있다. 자연을 존중하면서 인간의 문화적 본성을 소홀히 하지 않으며 문화를 긍정하면서도 그것을 자연의 이치에 맞추려 한다.

선비는 천지의 도와 이치를 마름질하여 성취하고 보완하려 하는 '재성보상(財成補相)정신'으로 자연과 조화를 이루는 삶을 추구하려 한다.

선비가 생각하는 인간의 본질

선비는 만물이 모두 나에게 갖추어져 있음을 알아 자아의 완성과 타자의 성취를 동시에 추구한다. 인간은 본질적으로 타자를 내 안에 갖고 있는 만큼 존재공동체 정신으로 타자의 성취에 자발적인 노력을 할 수 있다고 여긴다.

선비는 초목금수와 다른 인간의 본질을 존재공동체에서 찾는다. 인간이나 초목금수는 모두 자연의 보편적 생명정신을 갖고 태어났지만, 초목금수는 그것을 자기 안에 폐쇄시켜 이기적 삶 밖에는 살 줄 모른다. 하지만 인간은 그것을 개방적으로 실현하여 타자를 성취시켜줄 수 있는 이타(利他)의 능력을 천부적으로 갖고 태어났다고 여긴다.

"초목금수는 천명(天命)을 넓힐 수 없지만, 사람은 그것을 넓혀 나갈 수 있다. 그렇게 해야만 사람이 초목금수보다 존귀한 이치를 저버리지 않게 될 것이다."

『퇴계전서(退溪全書)』 천명도(天命圖)

"사람은 인·의·예·지·신의 오성(五性)이 전면으로 통하는 존재이다."

『퇴계전서(退溪全書)』

"사람은 천명을 항상 되돌아 보고, 천명을 확립하며, 천명에 이르고자 해야 한다."

『퇴계전서(退溪全書)』

"사람은 천지의 빼어난 자식이다."

『퇴계전서(退溪全書)』

사람은 자연으로부터 타고난 생명정신(天命)이 전면적으로 열려 있는 존재이며 초목금수는 부분적으로 타고났다고 본다. 예로서 짐승의 새끼보호 본능은 이를 증거 한다.

선비의 선악관

선비는 인·의·예·지의 도덕생명을 천부적인 것으로, 인간을 태어날 때부터 '선'한 존재로 생각한다.

선비는 '악'은 자연의 섭리상 천부적으로 존재할 수 없는 것이며, 인간이 삶을 영위하는 과정에서 후천적으로 생겨나는 일탈행위라고 생각한다.

선비는 '성선설'을 따른다. 만약 '성악설'을 따른다면 인간에겐 자기희생의 선행을 원천적으로 기대할 수 없고, 인간이 선을 자발적으로 행하는 일도 있을 수 없는 것이다.

"천지 사이 지극한 선 가득하게 작용하니 궁리하기 쉽지 않지만 어려울 일 또한 없네. 만물이 생성변화 하는 무궁한 그 뜻을 깨우쳐 편안히 한다면 하는 일마다 한가하리."

하서(河西) 김인후(金麟厚)

"사람의 의지에서 선악의 기미가 나뉜다."

『퇴계전서(退溪全書)』

"악은 바로 죄이다. 악은 본의 아니게 책임을 회피한 것에 대해

져야 할 책임이다. 악은 선의 옆에 있는 것이 아니고 바로 맞은 편에 위치하지도 않으며 선보다 한결 낮은 곳에 자리하게 된다. 인간의 악은 본성인 선 뒤에 사회적으로 진화한 결과물이다."

알랭 핑켈크로트

"선비의 성선 개념에 담긴 삶의 철학은 한국문화의 핵이다. 한국사회는 성선의 집단 무의식 사회이다. 영어의 Evil을 한국어로 번역할 개념적 숙주가 없다."

프레드 알포드

선은 본성이다. 따라서 악행은 자기부정과 자기파괴의 죄를 짓는 후천적 짓이다. 인간은 현실적인 필요나 사회적인 요구에 앞서 자신의 존재를 확인하고 자긍케 해줄 선행의 의지를 스스로 강화할 수 있다.

선비의 정치이념

선비는 도덕 사회와 덕치주의를 정치 이상의 두 기둥으로 꿈꾼다.

법가사상은 성악설이 마련한 인간에 대한 근본적 불신을 바탕으로 태어난 사상이다. 법가사상은 인간의 악성을 다스릴 수 있는 타율적이고 강제적인 수단을 마련하는 데 관심을 집중시킨 사상이다.

선비는 인간으로 하여금 자신들의 선행을 자연스럽게 실행하는 선천적 인성을 함양하며, 후천적으로 나타난 악행에 대해서는 스스로 부끄러움을 느껴 자율적이고 자발적인 수행으로 고쳐나갈 수 있도록 교화하고 교육하는 데 초점을 맞춘다. 사람이 평생을 공부하고 교화하며 교육을 받아야 하는 이유이다.

선비는 법치(法治)보다 교화와 교육을 통해 양심을 일깨우며 스스로 도덕적 삶을 개발할 수 있는 덕치(德治)를 강조한다. 덕치의 다른 말은 예치(禮治)다.

'예'는 사람들의 내면에 호소하면서 자발적이고 자율적인 태도를 유도한다. 법이 국가의 권위와 권력을 빌려 타율적이고 강제적인 힘을 사용하는 것과는 다르다. 법은 외재적 힘으로 강제로 참여시키려 하는 것이고 '예는' 본성인 '예'를 깨우쳐 자발적 참여를 이끌어내는 것이다. 조선시대에 '예'가 국가통치의 정체성이 된 이유이다.

'예'는 거시적으로 사회통합의 기능을 갖는다.

'예'는 도덕 심리로 내면화되어 강력한 인간적인 힘이 되고 사회질서를 유지시키는 촉진제가 된다.

'예'는 사람들의 의식 속에서 사회가 요구하는 각종 의무와 행동강령을 사람들이 천성의 본분으로 여겨 자발적으로 따르게 한다.

오늘날 우리는 네트워크시대에 살고 있다. 개인들이 맺는 복잡한 관계가 얽히고설켜서 이뤄지는 '소셜 네트워크'시대인 것이다. 네트워크시대의 관계 형성은 비공식적 경로를 통해 민감한 정보를 직접 상호 교환할 수 있다. 문제는 이러한 소셜 네트워크를 통한 개인이나 집단의 자의적 행위나 정보교환이나 영향력 행사 등을 규제하는 법적 수단이 없다는 데 있다.

법적으로 또는 제도적으로 이러한 사안을 다르기는 매우 어렵다. 개인의 일상과 명예 등은 각종 미디어의 비방행위에 노출되기 쉽다. 타인의 위상에 흠집을 내고 싶어 하는 사람들이 자행하는 유해한 일들은 법률의 테두리를 벗어나 있기 때문이다.

이 시대에 사는 사람들에게 타인을 해코지하지 않는 적절한 행동을 할 수 있도록 유도할 방법은 없는 것인가? 방법은 한 가지뿐이다. 도덕적 행동을 권장하는 체계적이고 유효한 방안을 강구하는 것이다. 법적 제재보다 자율적 교정을 중심에 두고 사회 관행으로 양심이 정착될 수 있는 방법이 나와야 한다.

16세기~18세기에 발전한 조선의 '예학'이 적절한 대안이 될 수 있다. '예학'은 개인 사이에 있을 수 있는 언행을 사회 차원의 함의로 이해하여 철저하게 따지고 분석하여 분쟁을 해소할 수 있는 모범사례를 제시한다.

'예학'은 강제처벌의 요소가 없다는 점에서 매우 독특한 특징을 가진다. 때문에 사회에서 일어나는 갈등을 해결하는데 법률보다 더 많은 장점을 가진 하나의 사회개념이 될 수 있는 것이다. 서구의 법적 사회에서는 자기파괴적 법률절차를 따르거나 아니면 부적절한 행동으로 자신을 파멸시키는 방법의 선택을 강요당할 뿐이다.

이런 면에서 조선의 '예학'은 지구촌 사회를 혁명적으로 변화시킬 수 있는 잠재력을 가지고 있다. '예학'에서 제시하는 '거버넌스'는 매우 효과적인 수단으로 인간만이 아니라 아바타나 사이보그에도 적용이 가능하다. '예학'이 기본인 조선의 정치이념은 오늘날 지구촌에 수출할 수 있는 엄청난 가치를 갖고 있다.

선비의 자기 수신의 목표

선비는 과학·지식·정성·양심(格物·致知·誠意·正心)으로 수신(修身)을 완성하고, 수신을 확립한 사람만이 제가(齊家)를 완성하고, 제가를 확립한 사람만이 치국(治國)을 완성하고, 치국을 완성한 사람만이 평천하(平天下)를 확립할 수 있다고 생각한다.

"치국은 가정의 효도와 공경과 자애를 근본바탕으로 하여 국가사회의 모든 사람들이 사랑과 예양(禮讓)과 충서(忠恕)의 마음을 이웃에 실천할 수 있도록 하는 것이다."

『퇴계전서(退溪全書)』

(충서의 사전적 풀이: 진실한 마음으로 남의 처지를 헤아려 남을 배려하고 상생하는 태도)

선비는 자기중심적 의식을 타파할 수 있는 효과적인 방법으로 '충서의 실천'을 강조한다.

배려행위에 진실한 마음을 요구하는 것은, 배려를 거짓된 마음으로 할 경우, 그것은 자기기만이 되거나, 이기심의 술수가 되거나, 사기술의 타인을 속이는 비행이 되기 때문이다. 선비는 위선, 가식, 허위, 사기를 원천적으로 배제한다.

선비의 실천사상과 사랑의 법도

인간의 본성인 인·의·예·지라는 명칭은 그것을 실천한 뒤에 성립된다. 그러므로 남을 사랑한 뒤에 인(仁)하다고 말할 수 있는 것이지, 사랑하지 않고는 인이라는 이름이 성립되지 않는다.

선비는 인·의·예·지라는 본성의 지평이 수행의 마음을 넘어 일상생활의 실천 속에서만 성립한다고 믿는다.

공자는 제자에게 평생 삶의 지침으로 서(恕)를 제시하면서 그 뜻을 "내가 원하지 않는 일은 남에게도 행하지 말라(己所不欲 勿施於人)"고 했다.

선비는 자신이 나서고 싶을 때는 남이 나서도록 도와주고 자신이 뜻을 펴고 싶을 때에는 남이 뜻을 펼치도록 도와준다."

『논어(論語)』

(이 말은 나의 뜻을 포기하고 무조건 남의 후원자가 되라는 말이 아니라, 사람들이 제각각 삶의 자리에서 소망을 이룰 수 있도록 직간접적으로 도와줄 것을 의미한다.)

"군자는 사랑을 덕으로 하고, 소인은 사랑을 임시변통으로 한다."

"비록 사랑하고자 해도 공경의 마음을 갖지 않으면 사랑을 이룰 수 없다."

『퇴계전서(退溪全書)』

"서로 친밀하게 지내면서 공경하고, 또 서로 경외하면서 사랑해야 한다."

『퇴계전서(退溪全書)』

"부부는 인륜의 시작이요, 만복의 근원이므로 아무리 친밀하다 하더라도 서로 방정하게 행동하고 조심해야 하는 사이다. 세상 사람들은 모두 예의와 공경심을 잃고서 그저 가깝게만 지내다가 마침내는 서로 얕보고 업신여겨 못하는 짓이 없는데, 이것이 모두 서로 손님 대하듯 공경하지 않는 데에서 생겨나는 일이다. 그러므로 집안을 올바르게 지켜나가려면 마땅히 부부 사이부터 예의를 갖추어 조심하지 않으면 안 된다."

『퇴계전서(退溪全書)』

퇴계 이황의 가르침

– 하는 일이 뜻대로 되지 않거든 돌이켜서 자기 자신에게서 문제점을 찾아라.

– 오륜의 인간관계에서 임금은 신하를, 어버이는 자식을, 남편은 부인을, 윗사람은 아랫사람을 역지사지하는 가운데 이해하고 존중해야 하며, 양자 사이에 불화가 생기면 그 원인이 나에게 있는 것은 아닌지 자성해야 한다.

– 잘못된 사랑은 파괴적이고, 예를 모르는 사랑은 난잡하며, 지혜가 결여된 사랑은 무분별에 빠지기 쉽다. 나의 사랑이 상대의 생명을 올바로 성취시켜주고 있는가, 상대에게 공경하는 마음과 예의를 갖추고 있는가, 내가 사리판단을 제대로 하고 있는가를 신중하게 따져 보아야 한다.

선비가 생각하는 리더와 스승

스스로 빛나고 스스로 강해지는 사람이 되어서, 타인을 더욱 빛나고 타인을 더욱 강하게 만들 줄 아는 사람이 진정한 리더이다.

성기성물(成己成物)

스승의 능력은 그가 얼마나 많이 알고 있느냐에 따라 판가름나지 않는다. 훌륭한 제자들을 얼마나 많이 배출하고 있느냐에 따라 판가름난다.

선비와 정명정신 1

정명(正名)정신은 이치에 따라서 일을 판단하고 처사하는 정신이다. 그 이치란 사람들이나 사물들의 갖가지 이름에 내포되어 실현될 것이 기대되고 요구되는 가치이다. 이것은 모든 존재에 참의미를 부여해 주는 명분으로 자기 직분의 고유한 도덕적 가치구현에 집중한다. 이를 대의명분(大義名分)이라 한다.

정명사회는 사회구성원들이 각자 그들의 이름에 담긴 본분과 과제를 숙고하고 실천하는 가운데에서만 구현될 수 있다. 사람들이 그들답게 살지 않는 사회에서는 정명이 깃들 여지가 없다. 정명(正名)은 사회의 건강 정도를 재는 하나의 척도이다.

선비와 정명정신 2

임금은 임금다워야 하고 신하는 신하다워야 하고 어버이는 어버이다워야 하고 자식은 자식다워야 한다.

『논어(論語)』

어버이는 어버이답고 자식은 자식답고 형은 형답고 동생은 동생답고 남편은 남편답고 부인은 부인답게 행동할 때 가정의 도가 바로 선다. 가정을 바로 세워야 세상이 바로 선다. 가정이 바로 서면 세상이 안정된다.

『주역(周易)』

선비는 세상의 일에 대해 꼭 이렇게 하겠다고 고집하지도 않고, 하지 않겠다고 고집하지도 않는다. 오직 옳음을 따를 뿐이다.

『논어(論語)』

옳음의 정신은 처사의 원칙과 기준을 미리 세워두지 않는다. 옛 것에 집착할 줄만 알고 시대상황이나 현실상황을 고려하지 않는 다면 이는 어리석은 식견에 불과하다. 교조적이고 율법적인 태도 는 정명정신에 어긋나는 행위이다.

『성학집요(聖學輯要)』

선비의 정의(옳음)의식과 예의(바름)의식 1

선비는 '정의정신'은 '공리정신'과 다르다고 본다.

선비는 정의라는 것은 목적의식 없이 행하는 옳고 바른 행동이 고, 공리는 목적의식을 갖고 행하는 옳고 바른 행동이라고 생각 한다. 즉 행위의 목적이나 결과를 계산하는 것이 공리의식이고 이와는 달리 정의의식이란 순수하게 오직 행위 자체에 내재하는 대의의 가치를 옳고 바르게 실현하려는 정신이다

"정의는 가치합리적 행동으로 그 행동의 본질적인 고유성에 맞 춰지는 것이고, 공리는 목적합리적 행동으로 그 행동에서 기대되 는 의도된 결과에 맞춰진다."

브루베이커

옳음의 가치는 사람들의 판단에 좌우되는 주관적 성질을 갖는 다. 상황을 어떻게 마름질하느냐에 따라 옳음은 달라질 수 있다.

공자는 친구가 주는 선물(말, 수레 등)은 사양하지 않았는데 제자 가 주는 선물(나귀)은 받지 않았다. 이유는 제자가 주는 선물은 부 모의 허락 없이 제 마음대로 가져왔기 때문이다. 물건의 수수행위 정황을 어떻게 판단하느냐에 따라 그 물건이 선물이 되기도 하고 뇌물이 되기도 한다.

퇴계는 벼슬을 버리고 은둔을 결행한 자신에 대한 비판에 이렇 게 말했다. "옳음은 사람에 따라 또는 때에 따라 달라서 일정하 지 않은 법입니다. 여러분에게는 벼슬길에 나가는 것이 옳은 일이 지만, 여러분이 나에게 그것을 요구하려 해서는 안 됩니다. 나의 경우에는 벼슬길에서 물러나는 것이 옳은 일이지만, 내가 그것을 여러분에게 요구하려 해서도 안 됩니다."

선비의 정의(옳음)의식과 예의(바름)의식 2

예의의 관념은 옳음의 도덕가치가 갖는 주관적 성질에 대한 약 점을 보완해 주는 의미를 갖는다.

예의는 사리의 판단과 실천을 개인의 주관에 맡기지 않고, 그것 을 사회적 행위상 객관지표화한 것이다.

따라서 예의는 정의의 정신을 객관적인 도덕규범으로 만들어 모든 사람들이 쉽게 실천할 수 있도록 하려는 의도에서 나온 것이라 본다.

'예'가 일단 정립되고 나면 그것은 그 자체의 실천논리를 가지게 되며 그것의 본태적 목적이념을 배제하고 지기목적화되는 경향을 가질 수 있다. 조선시대에 '소학'이 중시된 연유이기도 하다. '소학'에서 수백 가지의 행동지침을 교시해 정의의 정신이 예의에 종속되어버리는 현상을 초래한 경우이다.

'예'는 '의'의 정신에 따라 수시로 새로운 '예'를 모색하고 창출하여 시의성과 상황성과 현장성을 접목해야 한다. 끊임없이 변화하는 삶의 현실에서 옳음(義)의 정신이 항상 살아 움직일 수 있도록 바름(禮)의 타당성과 적합성 여부를 사회적 생산성에 비추어 감리해야 한다.

하늘은 위에 있고 땅은 아래에 있으며 만물이 각양의 모습을 띠고서 '예'가 행해진다. 그사이에 생성의 기운이 간단없이 흐르고 화합하여 변화하니 '악'이 울려 퍼진다.

『예기(禮記)』, 『악기(樂記)』

예(禮)와 악(樂)은 자연의 예악이라고도 하고 혹은 성인이 천지자연의 질서와 조화를 본받아 제정한 인간의 예악이라고도 한다.

『예기(禮記)』

선비와 '예'

맹자는 '예'를 인간의 도덕적 본성으로 유형화했다.

선비는 예를 종교적, 도덕적, 미학적 의미뿐만 아니라, 인간학으로 매우 정교하게 그리고 매우 깊게 이론화했다.

선비의 '예'에 대한 인간학적 의미는 관혼상제 및 일상생활의 모든 행위에 걸쳐 작용한다. 그것은 절제라는 미덕행위를 의미한다.

'예'로 절제되지 않은 공경은 사람을 힘들게 만들고, '예'로 절제되지 않은 조심은 사람을 위축시키며 '예'로 절제되지 않은 용맹은 좌충우돌적 난을 야기하며 '예'로 절제되지 않은 정직은 인간관계를 박절하게 만든다.

『논어(論語)』

'예'는 자타의 인간관계에서 상대방으로부터 인정과 존중을 받을 수 있는 자세와 태도이다. 예를 벗어나는 행동을 하는 자는 향촌사회에서 '못된 놈'으로 낙인 찍혀 그 사회로부터 외면당하게 된다. 따라서 '예'는 공동체 사회의 유대와 결속을 옹호하는 기능을 가진다.

선비의 미학적 삶

선비는 우주 질서인 예를 통해 도덕 생명을 성취하고 궁극적으로는 자연과 합일하는 사람으로 살고자 한다.

"예가 아니면 보지도 말고, 듣지도 말고, 행하지도 말라"
공자(孔子)

극기복례(克己復禮)하라. 자신의 사욕을 극복하여 예를 회복하라. 예란 사람이 본래 갖고 있는 것이기에 회복할 수 있는 것이다.

'예'의 목적이념

"사람이 사랑(仁)을 모른다면 예를 차린들 무슨 의미가 있을 것인가?"
"크고 작은 예의가 모두 사랑이 아님이 없다."
공자(孔子)

예는 사랑을 목적이념으로 갖고 있다. 그러므로 보통사람들의 눈에는 힘들고 고통스러워 보일지라도 예로 절제된 행동과 단아하고 정갈하며 우아한 꾸밈의 바탕이 잘 조화된 삶은 최상의 예로 여긴다. 따라서 제천의식 및 관혼상제와 같은 지극정성을 요하는 자리에 형식적이고 남에게 보여주기 위한 꾸밈을 차리는 것은 별 의미가 없는 것이다.

자연만물은 이(理), 즉 섭리와 사리의 역동적 조직체계이다.

만물이 그러한 것처럼 인간에게도 당연히 고유한 존재이치와 생명질서가 있다. 그것은 인간의 생명을 지탱해 주는 신경체계와도 같다. 만약 생명질서를 부정하고 거역한다면 그는 신경체계가 손상된 환자처럼 혼란에 빠져 자신의 존재를 지탱할 수 없게 된다. 이치와 질서의 부정은 가치타락이며 존재의 파멸을 불러온다. 이러한 관념에 입각하여 인간의 존재이치와 교류질서를 삶의 장에서 가치규범화한 것이 '예'이다.

선비와 위기지학

선비는 공부할 때 거경(居敬), 궁리(窮理), 역행(力行)의 세 가지를 학문하는 태도의 기축으로 삼는다.

공부를 하는 사람은 우주와 생명을 외경으로 대하고, 만사만물의 이치를 부단히 탐구하며, 배워서 안 것은 힘써 실천해야 한다는 뜻이다.

실천은 사리의 인식 없이는 오류에 빠져버리고, 사리의 인식은 실천으로 나아가지 않으면 공허해지며, 궁리와 역행이라는 것은 오롯이 경건한 마음속에서만 소기의 성과를 거둘 수 있다.

위기지학(爲己之學)은 남의 눈치를 보는 학문이 아니다. 자아 완성을 위한 공부를 말한다. 상대적으로 일등을 하고 최고(Best One)

가 되는 공부가 아니라, 자기의 인성과 인품과 인격을 고양시켜 공동체를 위해 반드시 필요 불가결한 사람(Only One)이 되기 위한 공부를 말한다.

선비는 최고보다 '최선'을 중시하고 퍼스트보다 '온리 원(Only One)'을 중시한다.

사회에 꼭 필요한 인재가 되는 것, 내가 없으면 다른 사람이 대신할 수 없는 능력을 가진 인재가 되는 것, 널리 타인에게 이로움을 제공하여 보탬이 될 수 있는 인재가 되는 것이 '온리 원' 인재이다.

위기지학(爲己之學)의 반대 개념에 위인지학(爲人之學)이 있다. 위인지학은 자아완성을 위한 공부가 아니라, 오로지 남에게 잘 보이려는 대응적 공부를 하여 자아완성에 관계없이 출세와 성공만을 겨냥하는 학습이다.

"선비의 학문은 자신을 위할 따름이다. 이른바 자신을 위한다는 것은 의도하는 바 없이 그러하다는 것으로, 깊은 산 무성한 수풀 속에 한 그루의 난초가 종일토록 향기를 내면서도 스스로 향기로움을 알지 못하는 것과 같으니, 이것이 바로 선비가 행하는 위기지학의 의미에 맞는다."

『퇴계전서(退溪全書)』

선비와 궁리(학업)정신

학문을 하는데 사리의 탐구를 행하지 않으면 알지 못하는 일도 마치 아는 것처럼 여기게 되어, 그 결과 사실무근의 말을 지어내고 의미가 닿지 않는 일들을 합리화하여 자기 자신과 남들을 속이게 된다.

퇴계 이황

도는 사람에게서 멀지 않다. 사람들이 도를 행한다고 하면서 사람들을 멀리한다면 그것을 도라 할 수 없다.

『중용(中庸)』

선비와 '지금', '여기' 정신

선비는 행복을 미래의 어느 시점이 아니라, 바로 '지금' 이 자리의 '여기'에서 찾아 그것을 누리려 한다.

선비는 현재 처해 있는 자리를 전적으로 받아들여 도를 행할 뿐, 그 밖의 것을 바라지 않는다.

『중용(中庸)』

하늘의 운행은 역동적이다. 선비는 이를 본받아 자강불식한다.

땅의 형세는 순후하다. 선비는 이를 본받아 온후한 덕으로 만물을 품어 안는다.

『주역(周易)』

선비는 시인

선비의 삶이란 사물관찰의 중심에 있는 궁리(학업)정신의 세계이다. 이 궁리는 나와의 관계 속에서 밝히고 그것을 실천하려 하는 현실 세계이다.

매란국죽(梅蘭菊竹)을 사군자라고 일컬어 온 것도 난세에 도덕생명을 꽃피우는 선비의 무궁한 정신에 비유되기 때문이다.

선비는 주객통합의 가치체계를 추구하여 주체와 객체를 분리시키는 몰가치에서 벗어난다.

선비는 정·경·교·융(情景交融)의 정감 속에서 인·의·예·지(仁義禮智)를 키워 천인합일의 세계를 이뤄내려 한다. 따라서 선비는 시인이 되지 않을 수 없다.

도덕은 상상력을 매우 필요로 한다는 점에서 시와 유사성을 갖는다. 다른 사람의 입장과 처지를 상상하고 그것에 공감하지 않는 한 도덕심은 일어날 여지가 없기 때문이다.

선비와 법

　선비는 사회를 유지하고 관리하는 데 법보다 인간성과 도덕성을 강조한다.

　인·의·예·지(어짊, 옳음, 섬김, 슬기)는 존재공동체의 근간이므로, 내 안의 남과 관계를 맺는 데에는 법과 같은 타율적 강제규범이 개입할 여지가 없다고 본다.

　강제규범은 남을 믿지 못하는 '만인에 대한 만인의 투쟁' 사회에서나 유효한 외재적 수단이다. 나와 남 사이에 분할과 경계를 전제함으로 인간관계를 매우 취약하게 만든다. 이기적 개인주의 사회에서 자타 간 인간적 교류와 소통의 길이 막혀 사람들이 남들과의 문제를 오직 법과 규정에 호소하고 소송으로 해결하려는 서양 개인주의 사회의 풍조가 이를 잘 증명한다.

　"백성을 법률로 이끌고 형벌로 제재하면 그들이 악행을 하지는 않겠지만 결국 부끄러움을 모를 것이다. 백성을 도덕으로 인도하고 예로 다스리면 그들은 부끄러움을 알 것이요, 또한 바르게 살려고 다짐할 것이다."

　　공자(孔子)

"공경함, 의로움, 청렴함, 부끄러움(禮·義·廉·恥)은 나라의 기강으로서, 이 네 가지가 행해지지 않으면 나라는 멸망하고 맙니다."

퇴계 이황

선비는 법을 부정하지 않지만, 법은 최후의 방책으로서 도덕성에 뿌리를 둔 인치(仁治)의 정치를 주장한다.

선비는 나와 남이 아닌 '우리'라는 존재공동체 의식에서 과학, 지식, 정성, 양심으로 수행하여 개인인격을 확립하고, 타인을 향해 자신을 개방하는 수신, 제가, 치국, 평천하의 수련과정을 통해 사회인격을 함양하는 리더십으로 도덕성에 뿌리를 둔 덕치주의를 강조한다.

선비의 정치관

서양 민주주의 시작은 투쟁과 폭력으로 점철된다. 루소의 '사회계약론'은 신적인 입법자가 법안을 내고 나머지는 박수로 통과시키는 구조다. 인민독재 개념은 여기에서 파생된다. '마르크스 사상'은 투쟁 유일주의다. 투쟁과 폭력은 저주, 적개심, 적대행위를 낳는다. 선비는 '사회계약론'이나 '마르크스 사상'은 인간사회가 가야 할 올바른 방향이라고 생각하지 않는다.

공자는 군자부쟁(君子不爭)을 강조한다.

선비는 싸우지 않는다. 선비는 싸우지 않고 민본주의, 복지주의, 행복주의의 실현을 추구한다.

공자는 아버지는 자애로워야 한다고 말한다. 아버지는 국가로 치면 최고 지도자다. 공자는 인(仁)은 사람을 사랑하는 것이라고 말한다. 공자는 사람을 사랑하고 의로움을 가져야 한다고 강조한다. 정치는 인의(仁義)로 해야 한다고 말한다. 사람을 존중하는 정의의 실현이 정치라는 말이다. 정의는 다른 말로 도덕이다. 도덕의 다른 말은 사랑이다.

서양식 정의사회, 복지국가 개념에는 도덕이 빠져 있다. 도덕 없는 정의는 끝없는 갈등과 투쟁을 불러온다. 선비는 도덕국가, 복지국가, 행복국가를 추구한다. 도덕이나 사랑 없이 정의의 주먹만으로 복지를 구하는 것은 국민의 행복을 희생하는 허울만 좋은 복지장사의 정치가 될 뿐이다.

선비는 공자의 '충서(忠恕)'정신으로 공감정치를 지향한다. '충(忠)'은 이리저리 쏠리지 않는 중심을 지키는 마음이고, '서(恕)'는 타인의 처지와 마음이 서로 같아지며 공감하는 마음이다. 역지사지보다 더 근원적으로 사람의 마음과 마음이 소통하는 것이 '충서'의 경지다.

선비와 평등주의

선비는 평등주의의 허구성을 아래와 같은 조화적 비유로 논증한다.

"만물이 제각기 다른 것이야말로 그것들의 실상이다. 그 차이가 어떤 것은 두 배 또는 다섯 배가 되기도 하고, 또 어떤 것은 열 배, 백 배, 혹은 천 배, 만 배가 되는 것도 있다. 그런데도 그대가 그것들을 모두 동일시해 버린다면, 이는 온 세상을 혼란에 빠뜨리는 짓이다. 만약 좋은 신발과 나쁜 신발의 값이 같다면 누가 좋은 신발을 만들려 하겠는가?"

　　맹자(孟子)

　사회의 불평등 구조를 이용해 신분이익을 챙기려는 사람은 더 이상 선비가 아니다. 선비가 가장 부끄럽게 여기는 것은 허명을 이용해 이익을 취하는 일이다.

"귀한 신분은 천한 신분을 바탕으로 하고, 윗사람은 아랫사람을 토대로 한다. 그러므로 아랫사람을 이익 되게 하면 아래와 위의 사람들이 함께 이익을 얻을 것이요, 아랫사람에게 손해를 끼치면 아래와 위의 모든 사람들이 함께 손해를 입을 것이다."

　　『주역(周易)』

"선생님은 한양에서 벼슬할 때 받는 녹봉은 스스로 먹고살 만큼만 남기고, 나머지는 모두 가까운 사람들에게 친소 빈부에 따라 나누어 주셨다."

　　『퇴계 언행록(退溪 言行錄)』

선비와 사생관 1

　인간의 죽음은 문화적이다. 동물의 죽음이 단순히 생물학적인 자연현상에 불과한 것과는 다르다. 인간의 죽음은 각양각색의 문화적 의미를 담고 있다. 인간의 삶이 문화적인 것만큼 인간의 죽음도 문화적인 것이 될 수밖에 없다. 인류문화사가 보여주는 다양한 양식의 장례절차가 그것을 단적으로 예증한다. 문화가 그 안의 사람들에게 지대한 영향을 끼치는 것처럼 죽음의 전통 역시 그 안의 사람들에게 막대한 영향을 미친다.

　선비는 사물은 결코 독립된 개체로 존재하지 않는다고 생각한다. 만물은 자타 간 유기적인 관련 속에서 상호의존하고 보충하면서 존재하고 생성해 나간다. 그러므로 한 사물의 본질과 의미를 파악하는데 타자와 단절시킨 채 그 내부로만 시선을 집중시키지 않고 자타상관적인 관계를 고려한다. 시작이라는 것은 앞선 사물과 맞물린 부분에 있는 마침(終)이라는 것에서 헤아려지기 때문에 시종(始終)보다 종시(終始)라는 어법을 구사한다.

　존재의 연쇄질서상 '내가 어디서 왔는가?'를 거슬러 생각해 보면 '내가 어디로 갈 것인가?'를 알 수 있다.

　선비는 자신의 죽음(終)을 존재의 부정으로 여기지 않고 뒤로 이어지는 후손(始)으로부터 새로운 긍정을 전망한다.

선비는 끝을 돌이켜 처음을 깨닫고, 그리하여 죽음과 삶의 이치를 안다.(原始反終 故知死生之說)

『주역(周易)』

사물의 종시에 대해 분명히 알지 못하면 삶과 죽음의 문제는 아무리 천만 가지로 안배해 봤자 풀리지 않는다.

『주역(周易)』

평소 올바른 삶을 영위하는 것 그것이 올바른 죽음을 맞이하는 길이다.

주자(朱子)

선비와 사생관 2

서양 개체주의에서 얘기하는 '개체(Individium)'는 그리스어의 '원자(더 이상 쪼갤 수 없는 것)'를 라틴어로 번역한 말이다. 개체화(원자화)는 사물들 사이의 대기적 요소를 간과한다. 그렇게 되면 사물들은 자타 간에 단절적 또는 불연속적이 된다. 그리하여 시간적으로는 시종(처음과 끝)으로 비치고 공간적으로는 유무(존재와 무)로 비친다. 한 사물 또는 개인의 존재 전후에 놓여 있는 절대 무에 대하여 해명할 수 있는 방법을 알지 못하게 된다. 그러므로 원하지 않는 낯설고 이해되지도 않는 죽음에 의해 끊임없이 시달림을 당하는 것이다. 개인주의 사회에서 신 중심의 종교가 성행하는 이유이다. 신만이 창조주로서 존재와 무를 화해시켜주고 죽음의 불안과 공포로부터 벗어나게 해줄 유일한 구원자로 여겨지는 것이다.

선비는 죽음에 의해 존재를 상실당하지 않으며 후손의 삶 속에서 그의 현존을 지속한다. 존재의 지속성을 확보하는 도덕적 기재가 바로 부모의 '자애'와 지식의 '효도'이다.

선비가족의 '족보'는 조상과 후손을 이어주는 가시적 증거물이다. 선비의 존재 긍정적 삶과 또 삶의 지속에 대한 관념은 족보에 나타난 항렬의 전통에서 확인된다. 항렬은 작명 시에 적용해 온 오행관념의 응용형태이다. 목·화·토·금·수 상생의 순환과정에서 존재의 한 고리로서 조상과 후손의 관계 속에서 존재의 불가결한 자리를 확보하는 것이다.

"거처하는데 엄숙하지 못한 것은 효도가 아니며, 임금을 섬기는데 성실치 못한 것은 효도가 아니며, 직무에 전념하지 않는 것은 효도가 아니며, 친구에게 신의가 없는 것은 효도가 아니며, 싸움터에 나가 용맹이 없는 것은 효도가 아니다."

『소학집주(小學集註)』

선비의 삶은 역사적 주체성을 확인하고 실현시키는 삶이다. 역사적 주체성을 실현시키는 기준은 도(道)이다. 선비의 삶은 '역사적'인 삶이다.

선비와 사생관 3

죽음에 대한 반항은 개인의 자기중심적 집착에서 일어난다. 나에 대한 집착을 버릴 수만 있다면 실존적 전환 속에서 죽음의 절망을 극복할 수 있다.

실존적 전환을 일으키는 강력한 힘은 사랑이다.

지사(志士)와 인자(仁者)는 자신의 생명을 구하기 위해 사랑을 버리지 않는다. 오히려 목숨을 버림으로써 사랑을 완성한다.

『논어(論語)』

삶도 내가 원하는 바요, 옳음도 내가 원하는 바지만, 두 가지를 다 취할 수 없다면 삶을 버리고 옳음을 취하겠다.

맹자(孟子)

애오라지 자연의 조화를 따라 삶을 마치리니, 천명을 즐길 뿐 더 이상 무엇을 의심하리오!

도연명(陶淵明) 귀거래사(歸去來辭)

불멸과 재생의 씨앗인 자타의 도덕 완성 대신에 내세를 약속하는 종교로 사람들을 몰고 가는 것은, 사람들을 자기 안에 갇히게 하고 존재 공동체 정신의 빈곤을 가져오게 해 사람들에게 죽음의 불안에서 완전히 벗어날 수 없게 만든다.

선비의 존재 공동체 정신과 종횡에 걸친 존재 확장의 이념은 죽음으로부터 위협을 최소화해 주고 미래의 죽음을 삶 속에 편입시켜 준다.

선비가 생각하는 죽어도 썩지 않는 삶의 세 가지 방법은, 첫째가 도덕을 실천하는 데 있고, 그다음은 모든 사람을 위해 공적을 성취하는 데 있으며, 그다음은 모든 사람을 위해 사회의 정론을 확립하는 데 있다.

『춘추경(春秋經)』

선비는 도덕을 불멸의 씨앗으로 여긴다.

선비와 사생관 4

선비는 상례절차를 마친 후 제사(祭祀)를 통해 계속적으로 죽은 이와 교류를 행한다.

제(祭)란 교제한다는 의미이고 사(祀)란 본다는 의미이다.

선비가 모시는 조상의 사당과 신주는 죽음을 넘어 후손과 함께 이승의 삶을 영위하도록 만들어진 성역이다.

제사는 생자(生者)와 사자(死者) 사이를 소통시켜주는 통로가 되어 삶과 죽음을 화해시켜주는 의식이다.

선비는 제사를 통해 경건한 삶에 임하는 의식을 새롭게 하고,

효도의 제일은 자신이 살아 있을 때 올바른 삶을 가꾸는 데 있다고 믿는다.

선비가 제사를 하기 전에 목욕 재계(齋戒)하는 것은 조상에 대한 경건한 마음가짐인 동시에 그 자신이 현재의 삶에 대한 경건한 생활철학을 가지기 위함이다. 제사는 나를 낳아 주신 부모님의 은혜에 보답하고 삶의 근원으로 돌아가기 위한 것이다.(報本反始)

『예기(禮記)』

선비는 묵자(墨子)가 말한 귀신(선한 사람에게는 복을 주고 악한 사람에게는 벌을 주는)처럼 실체적 귀신을 인정하지 않지만, 음양과 같은 뜻으로 귀신을 받아들인다. 상례 때 사람이 죽은 직후에 흩어진 혼백을 부르는 복(復)의 예나 제사 때 거행하는 강신주(降神酒)와 분향(焚香)의식 등에서 선비의 귀신에 대한 생각을 확인할 수 있다.

귀신은 인간의 생명활동뿐만 아니라 만물의 생성변화에 역동적으로 작동하는 음양의 두 기운을 뜻한다.

음양의 두 기(氣)로 말하면 귀(鬼)는 음의 영적 기운이고, 신(神)은 양의 영적 기운이며, 기가 왕성해지는 것은 신이고 반대로 기가 쇠잔해지는 것은 귀로서, 양자는 기실 한 가지일 뿐이다.

『중용(中庸)』

선비와 혼백관 1

혼백(魂魄)은 넋을 뜻한다.

혼백(魂魄)은 생명활동을 주재하는 영적인 힘이다.

혼(魂)과 백(魄)을 나누어서 말할 때는 혼은 기운상의 것을 말하고 백은 체질상의 것을 말한다. 혼은 생명활동상 각종의 기운에 작용하고 백은 그 질료적 바탕인 신체에 작용한다.

"기의 영적인 힘이 혼이다. 그러나 만약 체질이 함께 있지 않으면 그것은 흩어지고 만다. 이는 마치 불이 나무에서 떨어지면 빛이 사라지는 것과 같다. 체질의 영적인 힘이 백이다. 그러나 만약 거기에 기가 흐르지 않는다면 그것은 사멸하고 만다. 이는 마치 수족에 생기가 통하지 않음으로 마비가 일어나는 것과도 같다. 그러므로 양자는 상호 의존하는 가운데 활동하며 서로를 기다려서 일체가 된다."

왕정상

사람의 생명은 혼과 백의 결합양상이고 질병과 노쇠는 그것의 부조화이며 죽음은 혼과 백 양자의 분리를 의미한다. 죽음을 뜻하는 혼백의 분리현상을 '혼비백산(魂飛魄散)'으로 표현한다.

'혼기(魂氣)'는 하늘로 돌아가고 '형백(形魄)'은 땅으로 돌아간다.

『예기(禮記)』

"사람이 죽으면 혼기는 하늘로 오르고 정백(精魄)은 땅으로 돌아가서 그 기가 흩어지게 된다. 그러나 사람이 만약 제명에 죽지 못하면 그 기가 흩어지지 않는 경우가 있는데 그때는 울분의 기가 극도로 발하여 요망한 것이 된다. 이 또한 이치상 있을 수 있는 일이다."

　율곡(栗谷)

선비와 혼백관 2

"제사 지내는 것은 이치가 있다. 사람이 죽은 지 오래지 않으면 비록 정기는 흩어졌더라도 그 귀신(음양)은 바로 없어지지 않는다. 그러므로 나의 치성과 공경으로 조상의 귀신에 나가갈 수 있는 것이다. 이미 흩어진 기는 견문과 사려를 할 수 없는 것이 사실이지만 정성으로 당신들이 계셨던 데를 생각하고 웃고 말씀하셨던 것을 생각하며 좋아하셨던 것을 생각하며 줄기시던 음식을 생각하여 마치 당신들이 항상 나의 눈앞에 보이는 듯할 정도가 되면 이미 흩어졌던 기가 이에 다시 모일 것이니 '야릇한 향내로 사람의 마음을 숙연하고 송연하게 만든다'라고 하신 공자 말씀의 뜻이 여기에 있지 않겠는가?"

　율곡(栗谷)

"귀신의 정황이 불분명하고 미묘하여 알 듯 모를 듯한 데다 사람에게 둘러붙은 귀신은 그중에서도 사악하고 요망한 것입니다. 이것을 이용하여 사람들을 속이는 무당이란 자들은 모두들 요망스럽고 괴이한 짓들을 날조하여 자기네들의 영험한 능력을 과시합니다. 그런데 무당을 찾아가는 사람들은 이미 화를 피하고 복을 구하려는 마음에 빠져서 무당의 말을 듣는 것이기 때문에 그들이 무당에게 쉽게 현혹당하고 그를 깊이 믿는 것은 이상할 게 없습니다. 그러나 그것이 무익할 뿐만 아니라 오히려 해롭다는 것은 알기 어려운 일이 아닙니다."

　퇴계 이황

선비의 귀신관은 그의 조상숭배 의식과 연접되어 있다.

선비는 조상을 자기 존재의 거대한 뿌리로 생각하고 자신도 후손들의 배례를 받으며 영원히 살아가리라 기대한다. 선비는 자신의 앞뒤로 흐르는 종족생명의 물결을 현재의 자신 안에서 발견하고 확인하며 순간의 삶 속에서 영원한 생명의식을 가진다.

"인간은 죽지 않으려고 신을 상상해 내었다."

　도스토옙스키

선비정신의 뿌리

선비정신은 → 홍익정신에 연결되고

홍익정신은 → 개천정신에 연결되고

개천정신(하늘의 뜻을 펼침)은 → 고조선의 건국이념에 연결되고

고조선의 건국이념은 → 우주원리에 연결된다.

선비정신의 근본

선비정신의 근본은 우주원리이다.

'개천절'은 하늘을 연 날(펼친 날)을 기념하는 날이다.

하늘을 열어 하늘의 뜻을 펴기 위해 나라를 세운 국가는 우리나라가 유일하다. 이러한 국경일을 가진 나라는 세계에서 대한민국뿐이다.

'태극기'는 세계에서 유일하게 우주원리(우주론)를 표기한 국기이다.

'애국가'는 세계에서 유일하게 '하느님이 보우하사 우리나라 만세'를 노래한 국가이다.

부록 2: 누구나 알기 쉬운 한·중·일 바로 알기

한국은 근대사 콤플렉스를 갖고 있다. 찬란했던 고대사를 가진 반면, 근대에 나라를 잃었던 회한 때문이다. 한국은 중국에 선도(仙道)문화(도교문화)를 전수했고, 일본에 신교(神敎)문화(신도문화)를 가르쳤다는 자부심을 갖고 있다.

중국과 일본은 고대사 콤플렉스를 갖고 있다. 중국과 일본은 고대사를 왜곡하려 한다. 더 나아가 국가주의 역사관으로 고대사를 조작한다.

동아시아 3국의 전통적 상징

- 한국: 활 → 붓(평화) → 바람(風)
- 중국: 창 → 화포(패권) → 물(水)
- 일본: 칼 → 총(침략) → 불(火)

한반도 최초의 국제전쟁

660년 6월

신라 김유신 장군의 5만 신라군이 동쪽에서 진격하고 당나라 소정방의 13만 당군이 서쪽에서 진입하여 백제 도성 사비성을 공격한다. 백제 계백장군의 5천 백제군은 황산벌 전투에서 계백과 함께 전사한다. 사비성은 함락되고 백제는 멸망한다.

661년 3월

백제 부흥대장 귀실복신(鬼室福信)은 야마토 분국에 체류 중인 의자왕의 동생 부여풍(교기)에게 귀국을 요청하고 원병을 청한다. 당시의 왜 정권은 백제의 분국 형태로 백제와 거의 일체화되어 있었기에 부여풍은 1차 왜병 1만 명을 지휘하여 고국으로 돌아온다.(661년 5월)

부여풍에게 1만 명을 내어 준 왜국 사이메이 여왕은 북규슈 본영에서 병사한다. 아들 나카 태자(후일 텐지 왕)는 2차 백제 지원군을 편성하여 2만 7천 명을 파병한다. 이어서 3차 1만 명을 추가로 파병한다. 왜국은 총 4만 7천 명을 파병한다.

661년 8월 27일

금강하구에서 대기하고 있던 '나당(신라, 당)'연합군 수군과 왜의 수군이 격돌한다. 4번의 전투에서 나당 수군이 4전 4승을 거둔다. 귀실복신과 부여풍은 백제와 왜의 잔병을 이끌고 주류성에서 나당 연합군과 대치하던 중에 두 사람 사이의 불화로 부흥대장 귀실복신은 의장왕의 동생인 부여풍에게 살해당한다. 백제 부흥군은 와해되어 9월 7일 항복을 선언한다. 부여풍은 고구려로 망명한다.

661년 11월

별도로 임존성에서 백제 부흥군 소속으로 활약하던 흑치상지 (黑齒常之) 장군은 나당연합군에 2개월 이상 저항했으나 결국 항복한다. 흑치상지 장군은 당의 포로가 되어 대륙으로 향한다. 백제부흥전투는 2년여만에 모두 종지부를 찍는다. 금강전투는 백제를 후원한 왜에게 신라와 당에 대한 원한을 남긴다. 신라의 삼국통일 후에도 왜의 원한은 계속 지속된다. 한일외교사에 영향을 남겨주어 훗날 침략의 씨앗이 된다.

금강전투 이전의 왜 세력은 나라(奈良)와 교토(京都)의 서쪽에 불과했으나 금강전투 이후 왜는 혼슈의 동쪽 개척에 힘써 국토확대 노선을 취한다.

금강전투를 전후해서 일본열도로 건너간 백제인의 수는 약 20만 명이다. 귀실복신의 아들 기시츠 슈시(鬼室集斯)는 아버지의 사망 후에 왜에 망명하여 학직두(문교대신)의 직책을 맡는다. 망명 백제인들은 왜 정권의 중심부에서 교육, 사법, 군사제도를 개혁한다. 그리고 천문, 역사, 야금, 건축 각 분야에서 책임자로 활약하며 신생 야마토(大和)정신의 왜국 건설에 크게 공헌한다.

668년

백제가 나당 연합군에 멸망하자 고구려는 다음 차례가 자신들임을 인식하고 일본에 동맹을 요청하기로 한다. 고구려의 마지막 왕인 보장왕의 아들 고마노 잣코(高麗若光)가 인솔한 사절단이 왜국 방문 중에 나당 연합군에 의해 고구려가 멸망한다. 고국이 망해버리자 고구려 왕자 일행은 왜에 망명한다. 그는 일본열도 내의 고구려 유민 1799명을 모아 도쿄 근방에 고마군을 설치하고 그 일대를 지배하는 실력자가 된다. 잣코왕자의 후손들은 고마 신사를 세우고 1대 궁사(최고 신관)로부터 1,300여 년 동안 이어온 60대 궁사인 고마 후미야스(高麗文康)로 오늘날까지 이어져 온다.

일본에는 백제 유민들이 세운 신사와 신라 유민들이 세운 신사도 많지만 고구려 유민들이 세운 이 고마 신사는 고구려의 후손임을 자랑하는 고마(高麗)라는 이름을 오늘날까지 계속 사용하고 있다. 일본에서는 '출세하고 싶으면 고마 신사에 가서 기도하라'는 속설이 나올 정도로 영험한 곳으로 유명하다. 사이토 마코토

(1858~1936)를 비롯하여 고마 신사에 참배한 뒤 총리대신 자리에 오른 수상이 6명이나 배출되었기 때문이다.

금강전투 이후 한반도에 통일신라 정권이 들어서자 일본열도에서도 왜의 통일정권이 들어선다. 백제가 멸망하고 그 뒤에 백제부흥을 위해 활동하던 군대마저 완전히 소탕되자 왜는 나·당 연합군의 추격이 두려워 각 지방호족과 망명 백제인을 하나로 뭉치는 단결을 추진한다. 이것이 바로 '화합', '단합'이라는 야마토(大和)정신의 원형이 되고 오늘날 일본정신의 정체성이 된다.

당은 나·당 연합이라는 동맹을 맺을 때 한반도의 3국 중 가장 강력한 백제와 고구려를 먼저 멸망시켜버리면 가장 약소국인 신라를 손에 넣는 것은 식은 죽 먹기라는 야심을 숨기고 신라와 군사동맹을 맺은 후 백제와 고구려를 공격하는데 앞장섰다.

신라는 당의 야심을 뒤늦게 알아차리고는 3국 통일 후 당나라의 군대를 한반도에서 몰아내기 위해 8년 동안 치열한 전투를 전개해야 했다. 마침내 신라는 당의 군대를 완전히 격퇴시키는 데 성공한다.

이 과정에서 백제의 영토는 신라의 영토로 완전히 귀속되었지만 고구려의 영토는 남쪽 일부를 제외하고는 대조영(고구려 왕족)의 발해 건국으로 발해의 영토로 편입된다.

3국 통일 후 당나라 군대를 격퇴시키는 과정에서 나·당 연합은 당연히 와해되고 결렬된다. 당은 자신을 치는 통일신라를 견제하기 위해 섬나라 왜와 연합할 필요성을 느낀다.

당은 곽무종이 이끄는 사절단을 왜에 보내고 유덕고를 다시 왜에 보내 화친을 요청한다. 반신라와 반당 정책을 견지하는 왜의 덴지 왕의 반응은 차가웠다.

669년에 당은 다시 곽무종과 2천여 명에 이르는 정치공작대원을 포함하는 사절단을 왜에 대거 파견한다. 곽무종은 왜 왕 덴지의 동생인 덴무와 손을 잡고 왜 정권의 친당화에 성공한다.

672년에 덴무는 형인 덴지가 죽자 왕위에 오른 조카인 고분 천황을 죽이고 자신이 천황이 된다. 이것이 '진신의 난'이다.

'진신의 난'을 배후에서 조정한 당은 당나라 중심의 동북아 질서를 확립한다. 이후 왜의 조정은 친당 정책을 취하면서 반신라 정책을 견지하게 된다. 이렇게 하여 왜는 당나라의 보호를 받으면서 신라의 추격에서 벗어난다.

당의 곽무종과 손잡은 덴무정권이 들어선 뒤부터 왜는 한반도의 분국구도에서 독립하여 왜와 당이 직접 교류하게 되는 독립국이 된다.

금강전투는 동아시아 초유의 국제연합전쟁이었다.

당의 전략은 백제와 고구려를 멸망시킨 다음 신라를 굴복시켜 한반도를 삼키려는 흉계를 가지고 있었다.

신라의 전략은 한반도의 3국 중 가장 약소국가임에도 불구하고 3국을 통일하여 민족합일을 꾀하려는 원대한 포부를 가지고 있었다.

한반도 여러 세력의 분국이었던 일본열도는 금강전투 이후에 백제계의 천황국가로 통일되었다. 한편 신라에 눌린 패배의 열등감을 지렛대로 삼아 처음으로 역사서인 '니혼쇼키(日本書紀)'를 편찬한다.

왜는 자국민의 자존감을 높이기 위해 날조된 역사를 만든다. 어린 조카를 죽이고 천황의 자리에 올라간 덴무 왕 치하에서 편찬된 '니혼쇼키'는 720년에 완성된다.

주 내용은 반신라 의식을 고양하고 신라를 폄하하는 내용이 대부분이다. 왜의 국가기원을 기원후 369년에서 기원전 660년으로 소급시키고, 한반도에서 가야인이 도래하여 왜를 건국한 사실을 숨기기 위해, 오히려 왜가 한반도를 진격하여 가야를 지배했었다는 얘기를 만들어 낸다.

또 왜는 하늘이 내린 천손나라이며 진구(神功)황후가 삼한정벌을 하여 조공을 받았다는 허구를 기록한다. 왜의 조정에서는 '니혼쇼키'를 정기적으로 강독하여 원수의 나라인 신라를 다스려야 한다며 백성을 세뇌시키고, 통일신라에 대한 왜구들의 끊임없는 침략을 미화하는 팔굉일우(八紘一宇)사상을 키워나가게 된다.

금강전투 후 왜는 적이었던 당나라의 원조로 독립 천황제를 확고하게 수립하여 번영을 누리게 된다. 반면에 신라는 당을 한반도에서 쫓아내기 위해 천신만고 끝에 당을 퇴치하는 데 성공하였지만, 당의 끊임없는 보복에 눌려 한반도 안에 움츠리는 상황이 전개된다.

백제 멸망 후 왜 나라로 건너간 백제의 지배층은 왜 나라의 지배층이 된다. 그들은 나라 이름을 '왜'로부터 '일본'으로 바꾼다.

일본의 지배층이 된 망명 백제인들은 한을 품고 반신라 노선을 국가정책으로 내세우고 신라(新羅)를 비하하기 위해 '시라기(신라놈'라고 호칭하고, 백제(百濟)를 숭모하기 위해 '구다라(큰 나라)'라고 호칭하기 시작한다. 이로 인해 오늘날에도 일본인들은 '新羅'로 적어놓고 '시라기'로 읽고 '百濟'로 써놓고 '구다라'로 읽는다.

일본의 고대왕조

제1기 왕조: 가야계 왕조(가야가 신라에 합병되었으므로 신라계 왕조라고도 불림) 369년 가야계 도래인이 왜를 건국.

제2기 왕조: 비류 백제계 왕조(應神: 오진, 최초의 천황)에 의해 천황제 확립. 왜의 건국 후 30여 년이 지난 396년 고구려 광개토대왕의 공격을 받은 비류계 백제가 멸망하여 왜로 건너간다. 비류계 백제의 왕비 진구(神功: 오진의 어머니)는 출산을 앞두고 있었는데 일부러 아기를 못 나오게 하여 간신히 규수에서 분만했다는 신화가 전해진다. 진구 왕비는 오진을 낳고 오진은 스스로 왜 나라의 정통 국왕의 계승자임을 자처한다.

제3기 왕조: 온조 백제계 왕조가 왜에 들어선다. 5세기에 백제가 나·당 연합군에 의해 멸망한 후 왜에서는 다시 한 번 규수 탄생의 신화가 만들어진다. 온조 백제계의 곤지왕이 천황으로 등극한다. 백제의 137현 백성들이 귀족을 따라 도일하는 백제민족 대

이동이 일어난다.

'니혼쇼키'에는 비류백제, 온조백제의 두 왕자가 억지로 규수에서 태어난 것처럼 설정하여 왜 왕조가 도래인이 아닌 규수에서 태어난 왕자에 의해 계승되어 만세일계(萬世一系)로 이어져 온 혈통이라고 날조하고 위장 기록한다.

일본 천황의 역사는 '니혼쇼키'의 기록만으로도 가야계, 비류계, 온조계 등 세 번의 왕조 교체가 있었음이 확인된다. 즉 한반도에서 왕족이 건너가 왜의 지배층이 되었음이 증거된 것이다. 일본이 고대사 콤플렉스를 갖는 이유이다.

한·중·일의 역사인식

근대의 일본은 8백여 년간의 무사정권을 붕괴시키고 천황제를 다시 복고시킨 메이지 유신정부를 수립한다. 일본은 부국강병정책을 세우고 독일과 동맹하여 제2차 세계대전을 일으킨다. 전쟁은 4년 만에 미국을 비롯한 연합군에 패전한다. 제2차 세계대전이 끝나자 한반도는 38선으로 남북이 분단된다.

일본은 적이었던 미국과 손잡는다. 미국의 도움으로 입헌군주국가체제를 승인받고 경제부흥을 일으킨다. 한국이 6·25 전쟁으로 폐허화 되는 와중에 일본은 미국의 군수기지가 되어 맹렬한 속도로 성장한다. 세계 2위의 경제대국이 된다.

한국의 건국 정신은 '홍익인간' 정신이다

일본의 건국 정신은 '팔굉일우' 정신이다.

중국은 건국 정신이 없다. 중국은 건국 신화도 없다.

일본열도는 300여 번의 토호부족으로 구성된다. 팔굉일우 정신으로 300여 번을 통일시킨다.

일본의 토호부족을 최초로 통일시킨 오다 노부나가는 천하포무(天下布武)정신을 내세운다. 팔굉일우 정신을 발전시킨 것이다.

오다 노부나가의 천하포무 정신을 이어받은 도요토미 히데요시는 해외정복의 야욕을 실행한다. 조선을 침략하여 임진왜란을 일으키고 7년 동안 전쟁을 끌어오다가 사망한다.

한국의 역사인식은 정통사관이다. → 춘추사관을 가미한 정통사관으로 변천한다.

중국의 역사인식은 춘추사관이다. → 자국의 미래이익을 중시하는 국가주의 사관으로 변천한다.

일본의 역사인식은 대세사관이다. → 자국의 미래이익을 중시하는 국가주의 사관으로 변천한다.

춘추사관은 공자의 역사기록 방식을 말한다. 옳음, 그름, 시비를 따져 기술하는 것이다. 사마천은 본기(편년체)와 열전(인물 중심)으로 나누어 역사를 기록했다. 오늘날 중국의 사관은 자국의 국익을 최대한 반영하는 국가주의사관으로 변천했다.

(중국은 1990년대 초 사회주의국가의 몰락에 대응하여 중국의 단결을 목표로 새로운 중화국가주의를 주창하고 이를 체계화하기 위해 중국 영토 내의 이민족들의 역사를 중국역사화 하는 서북공정(몽골족), 서남공정(티베트족), 동북공정(조선족) 등으로 중국 고대역사를 확장시킨다.)

정통사관은 삼국사기, 고려사, 조선왕조실록 등의 방대한 역사 편찬처럼 있는 그대로를 기술하는 것이다. 한국은 공자의 춘추사관을 받아들이고 사마천의 본기, 열전 기록방식도 받아들여 천문, 지리 등을 포함한 정통사관을 수립했다.

대세사관은 동양에서는 일본에만 있는 사관이다. 오늘날 일본의 사관은 대세사관을 바탕으로 하는 국가주의사관으로 변천했다.

일본은 농업과 어업이 주력인 토착민이 한반도에서 도래한 기마민족에게 정복당한 역사를 가진다. 힘이 센 사람에게 힘이 약한 사람이 죽는 것은 당연하다고 생각하는 사고가 일반화된다.

따라서 '죽음(死)'을 '사루(去)' 또는 '나꾸나루(無)'로 표현한다. 죽음을 '사라지는 것', '없어지는 것'으로 이해하는 것이다. '옛날(昔)'이라는 단어는 '무카시'로 읽는다. 옛날이야기는 현재와 아무 관련 없는 하나의 배설물로 이해한다. 옛날은 옛날이고 현재는 현재라는 인식을 갖는다.

일본인은 '역사인식'이란 무의미한 것으로 이해한다. 일단 가면 다시 돌아오지 않으므로 쉽게 잊어버리거나 체념해 버리는 심성과 같은 맥락이다.

일본인의 역사관은 대세사관이다. 물이 흘러가는 것처럼 '카와노 나가래(かはの ながれ)' 사관을 갖는다. 큰물이 흐르는데 작은 물이 합류한다는 사관이다.

생활도 처세도 시류에 따르는 것을 당연시한다. 일본인의 처신은 대세(大勢)와 시류(時流)의 역사관에 일체화되어 있다. 일본인의 일상 삶 속에는 '큰 나무에 기대라'와 '승자는 정의다'라는 속담이 생활화되어 있다.

일본은 정복, 지배를 중시하는 대신에 정의 또는 명분의 관념은 등한시한다. 일본 국학의 대가 모토오리 노리나가는 이렇게 말한다. "일본에는 일정한 사관이 없고, 상황에 적합한 것을 수시로 채택해 나간다."

정통사관을 가진 한국인과 춘추사관을 가진 중국인이 일본인에 대하여 아무리 '역사인식'을 외쳐도 일본인에게는 마이동풍이 되어버리는 이유이다. 결국 서로가 하는 말은 상대방에게 마이동풍이 된다.

서구사관은 동양의 사관과 다르다. 서구의 사관은 계약사관이다.

유대인은 번번이 신과의 계약을 어기고 노여움을 받아 고난을 겪는다. 그럴 때마다 예언자가 나타나 회개한다. 그리고 다시 신에게 돌아갈 것을 촉구한다.

유대인은 회개하고 신과 새로이 계약을 맺는다. 이전의 역사는 무시되고 새로운 역사가 시작된다. 신과의 계약을 변경하면 미래도 바뀐다. 서구 지성에는 '노아의 홍수'와 '소돔과 고모라'같이 이전 것을 완전히 청산하고 새롭게 시작하는 싹쓸이 사상이 배태된다.

이런 싹쓸이 사상으로 새로운 질서를 재구성할 수 있다는 믿음이 17세기 계몽사상에 큰 영향을 주게 된다. 데카르트의 주지주의, 홉스의 사회계약론, 마르크스의 진화 역사주의(원시공산사회 → 노예제 → 봉건제 → 자본주의 → 공산주의 유토피아)를 끌어낸 것이다. 공산주의 붕괴로 마르크스 진화역사주의는 한계에 부딪혀 소멸된다.

인간성은 변하지 않는다

개나 원숭이 등은 고등동물이라 할 수 있다. 동물은 고등동물이나 하등동물이나 식용목적이 아니면 절대 동족을 죽이지 않는다. 서로 싸우다가도 상대가 꼬리를 내리거나 약점을 보이거나 도망가면 공격을 가하지 않는다.

동물은 생식목적 이외에는 성욕을 갖지 않는다. 발정기가 따로 있다. 동물은 생식기를 가리지 않으며 자기 몸도 가리지 않는다.

생식을 목적으로 하지 않는 성욕은 인간만이 가진다. 아담과 이브가 금단의 열매를 먹은 후 잎사귀로 앞을 가린 것은 생식목적이 없는 인간의 성욕 때문이다. 인간은 생식기를 가리는 팬츠와 몸을 가리는 옷을 입는 유일한 동물이다.

뿐만 아니라 자연을 파괴하고, 동족을 학살하며, 생식목적 없이 성교를 반복하고, 집단 무의식을 집단으로 가지며, 유사한 상황에 유사한 반응을 일으키고, 역사를 되풀이하며 살아가는 존재이다.

교육수준이 높아지고 문화가 발달해도 인간성은 그대로다. 고대인의 예술적 감각이나 중세인의 예술적 감각이나 현대인의 예술적 감각은 별반 다름이 없다. 취학 이전의 어린이가 말하고, 노래하며, 춤을 추고, 그림을 그릴 수 있는 것처럼 교육제도가 없던 고대인도 언어, 음악, 미술, 무용, 조각을 표현할 수 있었던 것이다. 수천 년 전의 고대인이 현대인 수준 이상의 예술 작품을 유적과 유물에 남긴 것을 보면 원시인과 현대인의 사이에 변한 것이 별로 없다는 것이 증명된다. 인간의 지적 능력은 예나 지금이나 공통이다.

과학이 인간의 도구를 발전시키고 생활형태를 바꿨지만 인간의 본성인 인간성과 인간의 본능인 식욕, 성욕, 의욕 등은 바뀌지 않았다. 인간의 생활양식이 문화적으로 다양화 되어도 인간성의 본질과 인간의 본능은 바뀌지 않는 것이다.

일본의 문자와 중국의 문자

근대화 이전까지 일본은 인도 다음으로 심한 계급사회였다. 인도의 '카스트'제도는 고대 이래 여러 차례의 이민족 정복으로 인한 여러 계층이 겹쳐진 구조다.

　일본의 계급사회도 토착민에 겹쳐진 기마민족의 여러 차례의 정복과정을 반영하고 있다. 계급어는 피정복국가의 특징을 반영한다. 일본어는 존중어가 세계에서 가장 발달한 나라다. 예를 들면 '오라'는 단어 하나에도 서로의 신분 차이에 따라 10개 이상의 다른 표현이 있다.

　일본인은 각 계급에 어울리는 경어, 존중어, 하대어가 심층적으로 발달한 나라다. 16세기에 일본에 파견되어온 가톨릭 선교사 자비에르는 일본어는 외국인이 정확하게 사용할 수 없는 '악마의 언어'라고 평하면서 도저히 배울 수 없는 말이라고 한탄했다.

　세계에 명함문화를 처음으로 보급한 것은 일본인이다. 사람을 처음 대할 때 상대의 사회적 지위를 재빨리 파악해서 상대에 어울리는 적절한 언행을 취해야 하는 일본인 사회에서는 사람들이 서로 처음 만날 때 명함의 교환이 매우 중요했기 때문이다.

　일본은 문자어와 음성어가 다르다. 한국어는 모음이 21개(단 모음 10개와 이중모음 11개)인데 비해 일본어는 모음이 5개에 불과하다. 일본어 모음 수는 8세기의 '만요(향찰)'문자를 사용할 때는 8개였는데 10세기에 '가나'문자를 만든 후에는 5개(아이우에오アイウエオ)로 정착되어 불완전한 문자로 현재에 이른다. 일본인의 음성어 발음 표현이 제한될 수밖에 없는 이유이다.

　한국의 '한글'은 음소문자이므로 이중모음, 농음, 격음 등의 음소를 가지고 다양한 소리를 제한 없이 표기할 수 있다. 하지만 일본의 '가나'문자는 음소가 없는 음절문자이므로 중국의 한자 문자도 읽을 수 없어서 음독(音讀) 이외에 훈독(訓讀)이라는 별도의 표현방법으로 만들어 읽고 있다.

중국은 14억 인구가 한자를 사용한다. 문자사용 인구수로 볼때 세계에는 영어문자보다 한자문자 사용인구가 훨씬 많다. 중국의 한자는 표의문자이기 때문에 문자를 학습하기가 매우 어렵다. 중국은 세계에서 문맹률이 가장 높은 나라이다. 오랫동안 중국의 문맹률은 세계에서 가장 높은 99% 수준이었다. 한자를 간소화한 간체자를 새로 만들어 사용하지만 오늘날에도 여전히 높은 문맹률을 나타내고 있다.

20세기 중국의 근대사상가이며 대문호인 루쉰은 중국을 통일한 마오쩌둥 주석에게 "중국은 앞으로 한자를 없애지 못하면 향후 100년 이내에 멸망할 것이다."라고 지적한 바 있다.

마오쩌둥 주석은 루쉰의 지적을 심각하게 여겨 1956년 전국의 언어학자 100여 명을 소집하여 새로운 문자를 만들도록 지시한다. 이렇게 하여 오늘날 중국인이 사용하는 '간체자'가 새로 탄생한다. 8년의 연구 끝에 1964년 중국문자개혁위원회에서 새로 만든 '간체자' 2,235개를 공포한다. 청나라 강희자전에 실려 있는 한자(번체자)의 수는 4만 개가 넘는다. 그 후에도 근대화 과정 중에 문자는 계속 늘어 중국 최대의 자전은 5만 여자의 한자를 수록하고 있다.

중국은 새로 만든 '간체자' 이외의 모든 번체자 한자를 고어로 처리하고 교과서, 공문, 출판물에서 번체자 사용을 금지한다.

중국은 56개 민족의 발음을 통일하기 위하여 별도로 발음기호에 해당하는 '한어병음'을 만든다. '한어병음'은 로마문자인 알파벳을 차용해서 성모, 운모, 성조, 경조의 발음 변화를 중국식으로 표시하고 1958년 2월에 공포했다.

오늘날 중국인은 학교에 들어가면 자국 글자인 '간체자' 문자를 배우기 위해 로마문자인 '한어병음'을 먼저 배워 알파벳으로 된 발음기호를 학습한 뒤에 자국어를 배운다. 표음문자인 한자를 사용하는 태생적 한계이고 비애다.

한국인·중국인·일본인의 의식구조

한국인은 모순을 대립으로 보지 않고 차이로 본다. 한국사회는 도교, 유교, 불교, 기독교, 이슬람교까지 그대로 받아들여 공존시킨다.

서구의 지적 풍토에서는 천당과 지옥을 이분법으로 대립시키고 천사와 악마를 이분법으로 갈라놓고 상호대립 시킨다. 이와 다르게 한국의 지적 풍토에서는 천사는 선이 많은 것으로 또 악마는 악이 많은 것으로 공존시킨다.

중국인은 창과 방패의 모순을 대립이 아니라 차이라는 것을 알고 이를 수용하는 현실주의자의 입장을 취한다.

일본인은 아예 모순이라는 것을 모른다. 일본인은 창이든 방패든 서로 반대되는 것이라도 그때그때 편리한 것을 쓰면 된다는 생각이다.

이토 히로부미는 메이지 헌법제정에 앞서 "일본은 종교적 신념이 미약해서 국가적 중심이 될 만한 사상이 없다. 한때 불교가 융성하여 상하의 유대를 유지했으나 지금은 쇠퇴했다. 신도(神道)는 조상의 유훈에 기반을 두고 있으나 종교적 인심을 모을 정도는 못 된다. 아무것도 없으니 살아 있는 천황을 중심으로 헌법을 만들어야 한다."라고 주장했다.

일본 국학의 창시자 모토오리는 "신도, 유교, 불교 중에서 어느 것이든 효과적이면 된다. 그때그때 편리한 것을 선택하는 것이 일본정신이다."라고 논술한 바 있다. 일본인은 창과 방패를 양손에 같이 들고 필요에 따라 사용하는 입장을 취한다.

한국인은 원리와 원칙을 매우 중요시하고 또 그것을 고수하려 한다.

중국인은 경(經: 사서오경처럼 근본이자 원칙적으로 변할 수 없는 것)과 권(權: 저울과 무게에 따라 눈금 자리가 바뀌는 것처럼 상황에 따라 행동하는 것)으로 나누어 해석하고 현실적으로 판단하려 한다.

일본인은 아예 원리와 원칙이 없다. 일본인의 겉과 속은 항상 따로 존재한다. 일본인은 처음부터 그냥 '좋은 것이 좋은 것이다'라는 사고를 가진다.

한국인은 샤머니즘에서 인내천 사상으로 진화한다. '내 안에 신이 있다' 또는 '사람이 곧 하늘이다'라는 사고를 가진다.

중국인은 샤머니즘에서 불가지론으로 변한다. 즉 신이 있는지 없는지 모른다는 사고를 가진다. 따라서 온갖 사악한 기운을 막고 잡귀, 마귀 등을 쫓아내어 현세에서 복을 누리고자 하는 벽사(僻邪)의식과 복락(福樂)의식이 강하다.

중국인은 일상생활에 금기, 제사, 기도, 축원이 많고 부적, 풍수 등에 의존한다. 나쁜 것은 피해간다는 의식이 강하므로 나쁜 것에 대항하여 죽어라 싸워야 하는 의식이 없다.

일본인은 샤머니즘에서 애니미즘으로 변한다. 신은 어디에나 있다고 생각한다. 살아서 한 가지 분야에서 특출하면 신이 되고, 죽으면 모든 것은 다 신이 된다는 사고를 가진다.

일본의 신은 선악정사(善惡正邪)에는 관심이 없다. 일본 신도(神道)에서 인정하는 신은 8백만 개가 넘는다. 사람의 신뿐만 아니라 여우, 늑대 등 동물의 신도 많이 있다. 한 분야에서 정통하거나 기술이 최고에 이르면 그를 신으로 추앙한다.

한국인은 비교적 주류와 비주류의 대립이 심한 사회이다. 주류는 웅족(熊族: 곰)의 후예이고 비주류는 호족(虎族: 호랑이)의 후예이다. 주류는 존중받고 비주류는 배척받는다. 적자와 서자를 구별한다. 서자는 과거에 응시할 수 없는 전통사회의 관행이 있다.

중국인은 곰과 호랑이의 구별이 없다. 인종구별이 비교적 없는 사회이다. 하지만 '나는 나, 너는 너다(和而不同)'라는 개인의식이 강하다. 적서 구별 없이 과거에 응시할 수 있는 전통사회의 관행이 있다.

일본인은 모두 곰이다. 모두가 주류이다. 비주류는 존재할 수 없다. 전체가 하나이다. 다문화는 없다. 전통사회의 과거제도도 없다. 귀족과 천민 등 신분계급은 그대로 세습되는 전통사회의 관행이 있다.

한국은 돈보다 학문과 학식을 최고의 가치로 삼는다.

한국의 공직은 청백리를 최상으로 존중하고 선비의 청빈사상, 안빈낙도의 정신은 모든 이의 귀감으로 칭송된다.

중국은 돈이 모든 가치를 우선한다.

중국에는 '한 사람이 벼슬하면 3대가 먹고 산다'라는 속담이 있다.

전통사회에서 중국은 권력의 축재를 긍정적으로 본다. 한국의 청백리 사상과는 정반대의 가치관이다.

중국에서는 공금이건 사금이건 자기가 만지는 돈에서 그 일부를 주머니에 넣는 것은 상식으로 통한다. 사농공상의 무엇을 하든지 돈이 최고라는 국민 정서가 존재한다.

일본은 돈보다 장인정신을 최고의 가치로 삼는다.

일본은 돈과 권력과 명예 중에서 하나만 선택하여 그 분야의 최고가 되는 것을 제일의 가치로 여긴다.

일본의 사무라이는 무사도에서 최고가 되고, 상인은 상도에서 최고가 되고, 물건을 만들거나 음식을 만드는 사람은 그 분야의 기술에서 최고가 되는 장인정신을 최상의 가치로 여긴다.

유목민과 농경민(농사꾼과 양치기)

『구약』은 인류사회의 구성계기를 상징적으로 설명한다. 아담과 이브는 에덴동산에서 쫓겨난 뒤 카인과 아벨을 낳는다. 형 카인은 농사꾼이 되고 동생 아벨은 양치기가 된다. 농사꾼은 농경민의 원형이고, 양치기는 유목민의 원형이다.

카인은 제사에 농작물을 바치고 아벨은 제사에 새끼 양을 바친다. 신(하느님)은 새끼 양을 받아들이고 농작물은 받아들이지 않는다. 형 카인은 동생 아벨을 시기한다. 카인은 아벨을 들판으로 끌고 나가 죽여버린다. 인류 최초의 살인은 신에게 바치는 공물이 원인이다.

신에게 바치는 공물로 인해 문명은 구별된다. 신에게 바치는 공물의 차이는 종교의 차이를 낳는다. 끝내 인간은 서로 다른 신을 만들어 섬기게 된다.

신은 인간의 집합적 무의식에서 태어난다. 유목민에게서 태어난 신은 농경민의 신을 강하게 경계한다. 원래『구약』의 신은 사막의 신이다. 스스로 시샘과 복수의 신을 자처하고 자신 이외의 신을 섬기면 용서하지 않는다고 협박한다.

유목민과 농경민의 반목은 인류사에서 가장 심각한 갈등을 초래한다. 유목민과 농경민은 소비와 생산과 비축의 관념이 정반대이다. 유목민은 농경민을 '인색하다'라고 욕한다. 농경민은 유목민을 '낭비한다'라고 욕한다.

유목민은 살생과 약탈을 생업의 일부로 생각한다. 농경민은 유목민에게 무력으로 당하는 경우가 많아진다. 농경민은 유목민을 야만인으로 보고 멸시한다. 동물의 도살이 생업인 유목민은 피에 대한 혐오감이 없다. 대량살상도 서슴없이 행한다. 사막에서 길을 잃으면 곧 죽음이다. 오아시스로 가는 길을 최단의 직선으로 찾아야 한다.

이슬람교는 직접 신을 신앙하고 섬긴다. 중간에 메시아를 두지 않는다. 오아시스를 찾는 길처럼 신앙의 길도 최단의 직선으로 가야 한다.

자급자족을 기본으로 삼는 농경민과 이동을 기본으로 삼는 유목민 사이에 물물교환이라는 상업이 시작된다. 상업은 이동이 본업인 유목민이 우위를 점한다. 사막의 대상을 거느린 사라센은 페르시아를 석권하고 인도를 압박한다. 7세기에는 이집트를 넘어 아프리카 북녘을 지배한다. 8세기에는 스페인을 장악하여 세계적 상업대국을 건설한다. 이동을 일삼는 유목민이 발달시킨 문명은 정보의 전달자로 인류문명과 세계문명사에 기여한다.

상업의 첫 시작은 물건을 움직이는 것에서 시작한다. 이윤은 먼 거리와 속도의 곱에 비례한다. 먼 거리의 상업은 단순한 믿음이나 관행에만 의존할 수 없다. 때문에 상호 약속한 계약은 반드시 준수한다는 유목민 특유의 계약사상이 발달한다.

결혼도 계약이고 종교도 계약이다. 결혼은 남녀의 계약으로 성립되고, 종교는 인간과 신의 계약으로 성립된다. 계약 없이는 결혼도 없고 종교도 없고 거래도 없고 법률도 없다. 계약이 인간의 삶을 지배하는『베니스의 상인』같은 계약주의 사회가 나타난다.

유목민은 근접한 장소에 타인이 있으면 가축을 먹일 초원이 줄어들기 때문에 소가족제도 중심의 이동생활을 한다. 이것이 핵가족주의의 원형이 된다. 농경민은 노동력을 확보할 수 있는 대가족주의의 정착생활을 한다. 이것이 대가족주의의 원형이 된다.

한반도는 고대 유목민의 나라에서 농경화되어 가는 과정을 거치면서 농경민의 나라로 변천한다.

농경민이 된 이후부터 한국인은 피비린내를 싫어하고 평화를 옹호하는 삶을 영위한다.

유목민의 후손들이 저지른 몽골의 유럽원정, 게르만의 유럽정복, 유럽의 십자군 원정, 유럽의 아메리칸 인디언 대량학살, 유럽의 아프리카 흑인 대량포획, 소련 스탈린의 피의 숙청, 독일 히틀러의 유대인 대량학살 등 무자비하고 잔인한 인간살상이 저질러진다.

유라시아 대륙의 중심부에 있던 유목민이 서서히 대륙의 동서로 이동하면서 양쪽 끝 단에 있는 한반도 지역과 프랑스 반도 지역에 비슷한 현상이 나타난다.

그들은 '말'을 '배'로 바꿔 탄다.

한국(한반도)에서는 동쪽으로 일본 섬으로 이동하고, 프랑스에서는 서쪽으로 영국 섬으로 이동한다.

4세기 일본에 가야(신라)의 정복왕조가 수립된다.

11세기 영국에 노르만의 정복왕조가 수립된다.

근대 이전에는 동양문명이 서양문명보다 훨씬 앞서 있다. 유라시아 대륙의 극동은 극서보다 인근 섬에 대한 지배권이 7세기나 빠르다.

프랑스의 노르만 공이(1027~1087)이 부하를 이끌고 잉글랜드에 침입하여 스스로 잉글랜드의 왕 자리를 차지한다. 당시 잉글랜드에 살고 있던 주민(앵글로 색슨족)은 140여 만 명인 반면 노르만 공이 이끌고 들어가 지배층이 된 유목민은 6천여 명 정도이다. 그후 약 4세기에 걸쳐 노르만족과 앵글로 색슨족은 언어, 풍속, 문화 등이 융합된다.

고대 일본의 지배층은 한반도에서 들어간 가야계 유목민에서 시작하여 비류 백제계와 온조 백제계를 거치면서 상호 융합하여 오늘날로 이어진다.

영국과 일본은 유라시아대륙의 극서와 극동에 위치한 섬나라다. 두 나라는 공통적으로 유목민에 의해 토착민이 정복당한 나라다.

오늘날까지 남아 있는 두 나라의 공통점은 왕실에 대하여 호의적인 국민성, 세습적 귀족제도가 현대사회에서까지 유지되는 전통, 사상 및 철학에 무관심한 지식인이 많은 점, 원리원칙에 집착하지 않는 실리주의에 충실한 점, 계산이 철저하고 치밀한 준비성이 강한 점, 탐정소설을 좋아하는 점, 난국에 처하면 정치적 타협이 잘 이루어져 한 방향으로 수습되는 점 등으로 정리된다.

영국과 일본 두 나라가 가장 귀하게 여기는 가치는 개인이 자기 몫을 다하는 의무이다. 영국인과 일본인은 자기 몫이라고 여기면 몸을 던져 책임을 다한다. 자기 몫을 다하지 못하고 또 주어진 자기 분수를 지키지 못할 경우 할복자살도 감수하는 국민성을 갖고 있다.

한국인과 프랑스인의 공통점은 많은 사람들이 예술성을 지니고 있다는 점, 많은 사람들이 평등을 원하고 보편성과 자유를 갈망하고 있다는 점, 두 나라 사람들은 말이 많고 제각기 다른 주장이 많다는 점, 주장이 달라 서로 충돌할 때는 유혈사태도 마다하지 않는 점, 독재를 부정하고 싫어하면서도 독재자가 등장하여 자기 나라의 산업화와 근대화를 실현하고 국가 부강의 기틀을 세우는 데 공헌한 점(프랑스에는 나폴레옹과 드골이라는 지도가 나타나고, 한국에는 이승만과 박정희라는 지도자가 배출되어 국가를 반석 위에 올려놓는 역할을 맡는다) 등이다.

서양인이 평하는 영국인과 프랑스인에 대한 만평은 다음과 같다.

〈영국인에 대하여〉
한 사람의 영국인은 어리석다.
두 사람의 영국인은 협업을 잘한다.
세 사람의 영국인은 영국제국을 수립한다.

〈프랑스인에 대하여〉

한 사람의 프랑스인은 총명하다.

두 사람의 프랑스인은 서로 시기한다.

세 사람의 프랑스인은 질서가 없다.

동양인이 평하는 일본인과 한국인에 대한 만평은 다음과 같다.

〈일본인에 대하여〉

한 사람의 일본인은 어리석다.

두 사람의 일본인은 협업을 잘한다.

세 사람의 일본인은 일본제국을 수립한다.

〈한국인에 대하여〉

한 사람의 한국인은 총명하다.

두 사람의 한국인은 서로 시기한다.

세 사람의 한국인은 질서가 없다.

한·중·일의 대표적 근대 혁명가

한국 안중근: 혁명가이며 사상가다. 안중근은 대한제국의 독립과 동양평화를 주도하고 인류를 위해 홍익인간 정신으로 평화주의를 주장한 인물이다. 그는 강력한 군대로 무장한 일본 제국주

의에 당당하게 홀로 맞서 초대 조선 총감 이토 히로부미를 제거한다. 감옥에서 미완성의 『동양평화론』을 저술한다.

중국 쑨원: 혁명가이며 사상가이다. 그는 신해혁명을 주도하고 삼민주의를 제창한다. 민족, 민권, 민생의 기치 아래 오족(漢·滿·蒙·回·藏)이 모두 중화민국에 융합할 것을 주장한다. 초대 중화민국 임시 대총통을 맡았다가 일본에 망명하여 꿈을 이루지 못한 채 병사한다.

일본 이토 히로부미: 혁명가이지만 사상가는 아니다. 세계 평화와 인류의 미래 등에는 관심 없이 침략적 야욕을 가진다. 메이지 유신에 참여하여 일본의 천황제를 부활시키고 오로지 일본 국익을 위한 팔굉일우 정신으로 일본 군국주의 침략정책을 주도한다.

맹자의 국제관과 조선의 외교노선

넓은 대륙에 제후국들이 서로 날뛰는 춘추전국(春秋戰國)시대가 도래한다. 전쟁이 없는 날이 하루도 없는 전국시대에 맹자는 태어난다. 제가백가(諸子百家)의 평화사상이 탄생한다. 맹자는 평화를 위해서는 왕도(王道)와 패도(霸道)를 구별해야 한다고 주장한다. 왕도를 실현시키기 위해서는 예(禮)가 우선돼야 하며 패권(霸權)을 버려야 한다는 신념으로 '이소사대(以小事大)'라는 국제질서를 제안

한다.

작은 나라(小國)는 큰 나라(大國)를 '예'로 대하고 큰 나라는 작은 나라를 역시 '예'로 답하는 것이 왕도이고, 반대로 대국이 무력으로 소국을 병합하는 것은 패도이며 패도는 평화를 해치는 것이므로 경멸을 받아 마땅한 것이라고 말한다. 맹자는 왕도를 '예'와 '덕'으로 교류하는 것이라고 하여 외교의 효시로 숭앙한다. '예'와 '덕'으로 교류하는 나라는 왕도국가이며 무력을 행사하는 나라는 패도국가라는 맹자의 국제관을 조선은 중시했다.

조선의 외교노선은 맹자가 주장한 '이소사대(以小事大)'와 '우호교린(友好交隣)'을 중심으로 하는 평화제일주의 외교노선이었다.

조선은 예와 덕과 학문 등 문화적 가치를 외교수단이자 국력으로 생각했으며 이를 시현시키기 위해 청나라에 연행사(1637~1881년 동안 502회)를 보내고 일본에 통신사(1603~1867년 동안 12회)를 파견하여 학문과 문물을 교류했다.

한국의 '영남'계와 '호남'계, 일본의 '겐지'계와 '다이라'계

한국(한반도)은 661년 금강전투의 후유증으로 영남(신라)계와 호남(백제)계의 대립이 형성된다.

일본은 같은 시대에 일본열도 안에서 관동(關東: 칸토)의 겐지(源氏: 신라)계와 관서(關西: 칸사이)의 다이라(平氏: 백제)계의 대립이 형성되기 시작한다.

일본은 가야계와 비류계를 거쳐서 온조 백제계의 왕권이 확립되자 왕실과 밀접한 다이라 가문은 서부(교토를 중심으로 하는 서부 지역 일대) 지역에 기반을 둔 강력한 무사단을 형성한 후, 신라계의 겐지가문을 미개척 지역인 동부(도쿄를 중심으로 하는 동부 지역 일대) 지역으로 추방한다. 무력이 약한 신라계의 겐지가문은 스스로 자경단을 조직하여 개척민의 무리를 이끌고 동부 지역으로 이동하여 겐지가문의 터전을 새로이 마련한다.

한반도에서는 통일신라 이후 주류세력으로 신라계가 등장하고 일본열도에서는 주류세력으로 백제계가 등장한 것이다.

통일신라 이후 신라시대, 고려시대, 조선시대에 걸쳐 한반도는 격심한 왜구의 침공에 바람 잘 날이 없을 정도로 일본의 침략과 약탈을 당한다. 그 후에 일어난 임진왜란, 정유재란과 일본의 대한제국 침입 등 일련의 한반도 침략은 모두 일본의 지도층이 된 백제계 일본인의 반신라적 의식에서 주도된다.

임진왜란과 정유재란 종료 후 일본 열도에서는 국내 정권쟁취를 위한 내전이 일어난다. 바로 동군과 서군이 대결한 '세키가하라 전투(1601)'이다. 동군은 겐지가문의 일원인 도꾸가와 이에야스가 이끌고 서군은 다이라가문의 일원인 도요토미 히데요시의 아들을 모시는 막료들이 이끌어 '세키가하라'에서 결전한다. '세키가하라'는 지형적으로 일본열도의 서부와 동부를 가르는 경계지역이기도 하다.

'세키가하라' 전투에서 동군의 겐지가문이 승리를 쟁취한다. 겐지가문은 다이라가문을 타도하고 '에도막부(동부지역에 있는 도쿄 정부)'를 수립한다.

신라계인 겐지가문이 정권을 잡은 이후 약 260여 년간 한일 간에는 역사상 처음으로 평화적 우호교린 외교가 실현된다. 겐지가문은 조선에 사신을 보내 조선통신사의 파견을 간절하게 요청한다. 조선은 12회에 걸쳐 조선통신사를 일본에 파견하여 학문을 가르치고 문물을 교류한다. 한일 간 평화수교는 일본에서 '에도막부'가 붕괴하고 '메이지유신' 정부가 들어설 때까지 계속된다.

1867년 '삿초동맹'을 주도한 서군의 진격으로 일본에서는 천황이 전면에 나서는 '메이지유신'이 성공한다. 백제계인 다이라가문이 다시 정권을 탈환하여 일본의 근대정부를 수립한다.

『니혼쇼키』 사관에 의한 팔굉일우의 침략을 미화하는 정신이 부활한다. 일본 조정에서는 정한론(征韓論)이 대두된다. 다시 한반도 침략이 시작되고 대한제국은 일본의 식민지로 전락한다.

메이지유신을 성공시켜 대정봉환과 군국주의를 주도한 일본의 지도층은 백제계인 다이라가문의 후손들이다. 또한 제2차 세계대전을 일으키고 패전 후 수립된 일본의 신정부 지도세력도 백제계인 다이라가문의 후손들이다.

오늘날 일본의 정치체제는 의회 중심의 내각책임제다. 최고 지도자인 수상에 서부지역 다이라가문의 후손(예: 아베 수상 등)이 당선되어 정권을 잡으면 한일관계는 불편해지고, 동부지역 겐지가문의 후손(예: 다나카 수상 등)이 정권을 잡으면 한일관계가 편안해지는 이유다.

동아시아 한·중·일 3국의 공통분모

한국, 중국, 일본 3국의 공통분모는 유교적 철학이다.

나라마다 특색은 조금씩 다르지만 원시유학과 신유학 시대의 인성 가치관 즉, 인·의·예·지(仁·義·禮·智)를 삶의 중심에 둔 오랜 역사를 가지고 있다.

근대 중국이 공산주의 정부가 들어서면서 공자를 타도하고 유학(儒學)을 배격하는 문혁(文革)을 일으켰지만 자본주의 시장경제를 도입하는 과정에서 유학을 대신할 보편적 사상이 없다고 판단한 지도층에 의해 2005년부터 다시 유교중흥정책을 세웠다. 그리고 세계 각국에 공자철학을 선양하기 위해 정부의 핵심사업으로 '공자학원' 설립을 시작했다.

중국은 유학의 맥을 세 번이나 끊어버린 나라이다.

처음으로 중국을 통일한 진시황의 분서갱유(焚書坑儒) 사태가 첫 번째이고, 한나라 무제에 의해 국교로 선포되었던 유교가 수, 당, 송 시대를 거치면서 도교, 불교, 명리학 등에 눌려 약해지다가 원나라가 수립되면서 폐기처분 된 것이 두 번째이고, 그 후 들어선 명나라 때 소강상태에 머물다가 명나라를 멸망시키고 들어선 청나라에 의해 다시 폐기처분된 것이 세 번째이다.

이로써 조선은 신유학의 종주국으로 부상한다. 퇴계 이황, 율곡 이이를 비롯한 조선 성리학자들의 진리탐구와 도덕실천 노력으로 '조선실천성리학'을 완성한다. '조선실천성리학'은 동아시아의 정신문화사에 거대한 주춧돌이 되고 중국과 일본으로 수출되어 학문적 진원지 역할을 담당한다.

일본은 '조선실천성리학'을 수입하여 사무라이 무사도를 확립하는 정신 자세를 진작시킨다.

중국은 너무 오랫동안 유학을 등한시하는 바람에 실천방법을 잊어버렸다가 2005년 이후 정부의 유학부흥 담당 관리들을 한국에 파견하여 유학의 진수를 다시 배우고 있다.

유학은 사후세계를 논하지 않는다.

내세관이 없기 때문에 현세에서 행복한 삶을 추구하는 철학으로 발전하여 보편적이고 실용적인 가치관을 가진다.

유학은 현세의 삶을 주도하는 정치, 경제, 사회, 문화, 교육 및 일상생활 철학으로 착근되어 있다.

유학은 내세에 대한 종교적 이론이 없다.

내세를 서로 다르게 얘기하는 세계의 모든 종교와 공존할 수 있는 이유이다.

한국은 범지구적 가치를 담고 있는 선비정신을 지닌 유일한 국가이다.

한국은 선비정신으로 중국의 패권주의와 일본의 군국주의를 교화시키고 인간이 더불어 살아가는 평화주의와 상생주의로 이끌어야 할 의무를 지닌다.

　동아시아 3국의 공통분모를 한국, 중국, 일본은 공동으로 갈고 닦아 더욱 빛내야 하며, 인류의 행복한 삶을 위해 지구촌의 구석구석에 선비정신을 공동으로 선양하여 그 밝은 횃불을 골고루 비춰야 한다.

부록 3: 조선 선비의 부부 사랑법

조선시대의 부부 사랑은 진짜 부부 사랑

우리나라에 자유연애시대가 도래한 이후 2013년 통계청 자료에 의하면 20대 커플의 평균 연애기간은 약 100일 정도이다. 그해 일 년 동안 우리나라에서 33만 쌍의 결혼이 있었고, 11만 쌍의 이혼이 있었다. 일 년에 세 쌍이 결혼하고 한 쌍이 이혼하는 꼴이다.

이것은 부부의 만남과 이별을 너무 쉽게 생각하는 현상이다.

전통사회의 조선시대에는 연애가 아닌 중매로 부부의 인연을 맺었다.

사랑을 키워가는 것도 혼인 전이 아니라 혼인 후, 그러니까 부부의 인연을 맺은 후부터였다. 조선시대의 부부 사랑은 '연애 사랑'이 아니라 진짜 '부부 사랑'이었던 것이다.

우리가 모르거나 잘못 알고 있는 것

조선시대 사회상에 대하여 우리는 모르고 있거나 잘 못 알고 있는 것이 너무 많은 것이 사실이다.

조선사회는 18세기 중기까지는 남성중심적이 아니었고, 가부장적도 아니었으며, 가장은 남성이 아니었다.

조선 선비 부부들은 예(禮)를 중시하는 유교의 가르침에 따라 늘 서로 배려하고 존중하는 사이였다.

부부간의 의사소통을 매우 중시하여 평소에도 끊임없이 시나 편지를 주고받으며 서로의 마음을 나누는 사이였다.

조선 선비 부부들은 자연스럽게 사랑을 표현하면서 다정다감한 부부생활을 즐기며 서로를 알아주고 서로를 보듬어주는 인생 동료의 사이였다.

조선은 18세기의 조선 중기까지는 우리나라 고대로부터 면면히 내려온 여성존중 전통이 계승되어 왔던 사회이다.

그 대표적인 사례로 '처가살이'를 들 수 있다.

'처가살이'라는 것은 신랑이 신부집으로 가서 혼례를 올리고 그대로 신부집에서 살림을 시작하는 것을 말한다. 즉 딸이 사위와 함께 친정부모를 모시고 생활하는 것을 뜻한다.

이와 반대되는 개념이 '시집살이'다.

'시집살이'라는 것은 신부가 신랑집으로 시집와서 신랑의 부모를 모시고 신랑집에서 살림을 시작하는 것을 말한다. 18세기 중기 이후 중국 청나라의 혼인 풍습에 영향을 받아 우리나라에서 정착되기 시작한 결혼풍속이다.

조선사회의 가족관계 특성

조선의 가족관계 풍습은 아들과 딸을 가리지 않는다.

조선의 친족관계 풍습은 친손과 외손을 구별하지 않는다.

조선의 족보에는 남녀를 출생 순서대로 기록하여 남녀를 차별하지 않는다.

조선의 부모 재산 상속은 남녀자식이 장자와 막내의 구별 없이 균등하게 나누어 상속받는다.

조선은 고려시대의 가족관계 풍속을 계승하여 '처가살이'로 혼인생활을 시작했고 3년 정도는 의무적으로 처가부모를 모셨으며 그 후 분가를 하여 독립하든가 독립할 형편이 되지 않으면 계속 처가부모를 모시는 삶을 영위했다.

조선시대(전기, 중기까지)에는 남편이 외도를 하거나 첩을 두거나 하면 쉽게 용납이 되지 않는 남녀평등사회였으므로 잘못이 드러나면 부부 간 싸움, 부부 간 폭력, 심지어는 아내에 의한 남편의 살인사건도 자주 일어났다. 특히 외도를 들켜 아내에게 매 맞는 남자들이 많았다.

중종실록의 대화 사례에서 보는 가정풍속

조선 11대 임금 중종 12년(1517) 12월 말경 지방의 현감이 아내에게 쫓겨나 얼어 죽었다는 보고를 받는다.(덕산 현감 이형간 사건 어전대책회의)

임금: "대체 우리 조선에선 왜 이리 아내가 남편을 능욕하는 일이 자주 벌어지죠? 금년만 해도 벌써 여섯 차례나 발생하지 않았소. 이러다간 조선 남자의 씨가 마르겠소. 뭐라 말들 좀 해보시오. 물론 남자들이 처신을 잘못해서 생긴 일이 많긴 하지만 이건 너무 정도가 심한 것 아니오?"

신료 1: "전하, 매 맞는 남자들의 문제는 비단 어제오늘의 일이 아닌 아주 오래된 고질적인 일이옵니다. 그러니 금년에 일어난 사건이라도 전면 재조사해서 근본원인을 찾아내고, 차차 그 대책을 세우는 것이 합당한 줄로 아룁니다."

신료 2: "다른 무엇보다 혼례제도 때문이 아닐까 하옵니다. 중국에선 '친영(남자가 신부 될 여자를 자기 집에 데려와서 혼례를 올리는 것을 말함. 즉 여자가 남자 집에 '시집'감을 뜻함)'을 하여 여자가 '시집살이'를 하고 있습니다. 그러나 우리나라는 그와 반대로 남자가 '장가(남자가 여자 집에 가서 혼례를 올리고 그 집에서 거주하는 것을 말함)'를 가서 여자 집에서 '처가살이'를 하고 있사옵니다. 이로 인해 아내가 부모의 힘을 믿고 남편을 가벼이 여겨 마침내 가정의 도가 무너지고 있는 줄로 사료됩니다. 우리나라도 중국처럼 여자들에게는 재산을 주지 말고, 제사도 지내지 못하게 해야 옳을 줄 압니다."

임금: "조상대대로 이어 온 전통을 어찌 쉽게 바꿀 수 있겠소? 허나 우리도 언젠가는 중국처럼 혼례제도를 바꾸어 더 이상 매 맞거나 쫓겨나는 남자들이 나오지 않게 해야 할 것이오."

조선시대의 여성 지위

조선시대의 여성 지위를 살펴볼 때 오늘날의 관점에서 보면 이해하기 어려운 점이 있다. 그 시대의 문화는 그 시대의 관점에서 봐야 올바른 인식이 가능하다.

조선시대 당시의 집안은 가족의 수로 볼 때 오늘날 웬만한 중소기업과 맞먹는 규모이고 집안을 다스리는 것은 곧 고을이나 나라를 다스리는 것과 규모의 차이는 있지만 본질적 의미에서 마찬가지로 볼 수 있는 것이다.

당시의 산업은 주로 농업이었으므로 의식주에 필요한 생필품을 거의 집안에서 직접 만들어 사용하거나 이웃 간에 물물교환하거나 또는 선물을 주고받음으로써 충당하는 것이 기본이었다.

가족의 규모를 보면 18세기 중엽 이후의 가계도인 '할아버지 → 아버지 → 아들'로 이어지는 부계에 한정된 구도가 아니라, 어머니를 중심으로 모계로 이어지는 가족을 포함하는 가족 구성을 보여준다. 즉 처가 쪽 일가인 아내의 어머니와 장모의 어머니인 할머니와 그 식구들까지 모두 포함하여 가족 구성원이 되며, 능력이 더 되면 팔촌의 일가친척과 수십 명의 집안 노비들을 거느리고 공동체로 살았기 때문에 작은 규모이면 50여 명, 큰 규모이면 150여 명이 넘는 가족이 한 울타리 안에 더불어 사는 모계사회의 모습이었다.

조선시대 여성들의 집안일은 엄연한 사회활동으로 간주되었다. 모든 가족들의 의식주를 비롯한 경제적 측면은 여성이 주도하였으므로 집안의 대소사의 경제적 판단은 여성들의 몫이었고, 밖의 외부 업무와 관직을 통한 지위상승 등의 사회적 측면은 남성이 주도하는 상황이었다. 여성들이 실질적으로 집 안팎의 경제생활을 주관하였으므로 사회적으로도 남성과 동등하게 대우받는 위치에 있었던 것이다.

특히 조선은 '일기의 나라'라고 불릴 만큼 일기를 많이 썼는데, 오늘날 가정주부가 가계부를 작성하는 것처럼 집안의 대소사를 기록으로 남겼다. 당시 일상생활에 필요한 물건들을 이웃 간에 서로 주고받으며 삶을 영위해야 하는 실물교환경제시대였으므로 누구로부터 어떤 선물을 받거나 부조를 받으면 잊어버리지 않고 정확을 기하기 위해 꼬박꼬박 반드시 기록하여 후일에 보답하는 상부상조의 풍속을 지켰다. 조선시대의 일기는 사적 일기인 동시에 공적인 성격을 띤 일기이기도 한 것이다.

조선 후기의 가족풍속 변화

조선의 가족사는 18세기 초부터 조금씩 변하기 시작하여 18세기 후반 이후부터 크게 변하게 된다. 가족풍속이 변하는데 전통풍속의 저항을 받아 약 100여 년에 걸쳐 서서히 변화하는 모습을 보여준다.

마침내 혼인제도와 가족제도의 변화도 전통적 '장가' 및 '처가살이'에서 중국식의 '시집(親迎)' 및 '시집살이'로 바뀌어 간다.

남녀 균분의 부모 재산 상속은 아들 중심으로 변화되고, 장자 중심으로 비율이 높아진다. 가부장제도가 들어서고 적자와 장자 위주의 위계질서도 자리 잡는다. 가족제도는 '모계'와 '처계'를 배제하고 '부계'만으로 한정하는 변화를 가져온다. 이는 족보 등재에도 영향을 미친다.

시간이 흐를수록 중국(청나라)처럼 남자를 높이고, 여자를 낮추어 보는 남존여비(男尊女卑)의식이 팽배해진다. 18세기 말경에는 중국식의 가족관계 풍속이 조선에 만연하게 된다.

조선시대의 노처녀와 노총각

고려시대까지는 불교의 영향으로 만혼과 독신이 많았다. 모계 혈통이 중심이므로 부계혈통으로 대를 이어야 한다는 관념은 희박했다. 평생 혼인을 안 하고 자신이 하고 싶은 일에 몰두하는 청춘 남녀들이 상당히 많았다.

조선시대에 들어와서 유교의 영향을 받아 '혼인이란 여성과 남성의 좋은 '성'을 합하여 위로는 조상을 계승하고 아래로는 후손을 이어나가는 것이다'라는 관념이 일반화되어 혼인을 필수화했다.

조선시대의 혼인적령기는 여자 18세 안팎이었고 남자는 20세 안팎이었다. 이를 5년 내지 10년 정도 넘기면 노처녀, 노총각이라는 호칭으로 사회적 딱지를 붙였던 것이다.

딸의 나이가 30세를 넘겼는데도 집안이 가난하여 혼인시키지 못하는 경우, 국가가 혼수를 지원해 줘서 혼인을 장려하는 제도가 마련되기도 했다.

『경국대전(經國大典)』

조선의 23대 임금 정조 15년(1791)에 한양의 백성 중 집안이 가난하여 혼기를 놓친 자가 많아지자 왕명으로 당시 50여 명의 노총각, 노처녀에게 국비로 혼례를 치르게 했다는 기록이 있다.

조선 최고의 지성, 퇴계 이황의 부부관

"부부란 인륜의 시작이요, 만복의 근원이란다.

지극히 친근한 사이이기는 하지만, 또한 지극히 바르고 조심해야 하지. 그래서 선비의 도는 부부에서 시작된다고 하는 거란다.

허나 세상 사람들은 부부간에 서로 예를 갖추어 공경해야 하는 것을 싹 잊어버리고 너무 가깝게만 지내다가 마침내는 서로 깔보고 업신여기는 지경에 이르고 말지.

이 모두 서로 손님처럼 공경하지 않았기 때문에 생긴 거란다.

그 집안을 바르게 하려면 마땅히 그 시작부터 조심해야 하니, 거듭 경계하기 바란다.”

1560년 9월 20일 퇴계가 손자 안도에게 보낸 편지 중에서

퇴계는 남녀의 성에 대해서 열린 사고를 갖고 있었다. 그의 둘째 아들이 혼인 후 얼마 안 되어 병사하자 청상과부가 된 며느리의 처지를 너무 안타깝게 여겨 친정에 돌아가서 재가를 준비하라고 조치했다.

퇴계는 부부의 잠자리는 서로 다정다감해야 한다고 강조하면서 이렇게 말했다.

“남녀관계란 음양이 서로 합하는 것이라 너무 점잔을 빼는 것은 좋지 않으니라.”

“예는 사람이 마땅히 지켜야 할 도리이다. 예의 진정한 의미는 사람이 서로 배려하고 서로 존중하고 서로 섬기는 마음에서 나오는 행동이라야 한다.”

퇴계 이황의 부인은 지적 장애인

퇴계는 21세 때 김해 허씨와 혼인한다. 허씨 부인으로부터 두 아들을 얻는다. 혼인 후 6년 되던 해에 둘째의 출산 때 산후조리

가 잘못되어 허씨는 사망한다.

퇴계는 부인의 3년 상을 치른 뒤 홀아비 생활을 하고 있었는데 같은 마을에 귀양 와서 살고 있던 선비 권질(연산군 10년 갑자사화 때 부친이 사약을 받았고 본인은 제주도 및 예안으로 귀양 다님)의 간곡한 권유로 두 번째 부인인 안동 권씨를 아내로 맞아들여 혼인을 한다.(퇴계는 권질이 자신의 딸이 정신장애를 갖고 있어 출가할 수 없으니 제발 자네가 좀 맡아 달라는 선비의 부탁을 거절하지 못해 혼인하기로 승낙함)

어느 날 온 가족이 제사상 차림을 준비하고 있었는데 배가 상에서 떨어지자 권씨 부인이 그것을 집어 치마폭에 숨기는 것을 본 큰형수가 동서를 이렇게 나무랐다. "동서, 제사상에서 제물이 떨어지는 것은 우리의 정성이 부족해서 그리되는 일인데 그걸 치마폭에 감추면 쓰는가?"

방 안에 있던 퇴계가 그 소리를 듣고 밖으로 나와 큰형수께 대신 사과하기를 이렇게 말했다. "형수님, 죄송합니다. 앞으로 더욱 잘 가르치겠습니다. 손자며느리의 잘못이니 조상님께서도 귀엽게 보시고 화를 내시지는 않을 것입니다."

그 후 퇴계가 아내 권씨를 따로 불러내어 치마 속에 배를 감춘 이유를 물었더니 먹고 싶어 그랬다고 대답했다. 퇴계는 그 자리에서 배를 직접 깎아 아내에게 주면서, 앞으로는 먹고 싶은 것이 있으면 내게 먼저 말하라고 당부한다.

지적 장애인인 아내 권씨가 흰 두루마기를 다림질하다가 조금 태워버려 붉은색 천 조각을 붙여 기웠는데 퇴계는 태연하게 입고

외출을 했다. 보는 사람마다 경망스럽다고 말하자 퇴계는 이렇게 말하며 부인을 감싸준다.

"붉은색은 잡기를 쫓아내고 복을 불러온다는 말이 있지 않느냐? 아내가 내게 좋은 일이 있으라고 이렇게 해준 것인데 어찌 이상하다고 말하느냐?"

퇴계 46세 때 두 번째 부인 권씨가 세상을 떠난다.

퇴계는 전처 소생의 두 아들에게 두 번째 부인의 시묘살이를 시킨다. 자신도 묘소 옆에 '양진암'을 짓고 같이 머무르면서 아내의 넋을 위로했다.

퇴계 이황의 가정과 학문

퇴계는 연산군 7년(1501) 경상도 예안현 온계리(경북 안동군 도산면 온혜리)에서 진사 이식과 그의 부인 박씨의 7남 1녀 중 막내로 태어난다.

2세 때 아버지 사망 후, 어머니가 농사와 양잠으로 생계를 유지한다.

12세 때 작은아버지로부터 『논어』 등 4서 3경을 배운다.

17세 때 진사 시에 급제한다. 그 후 성균관에 입교하여 사마 시에 급제한다.

34세 때 문과에 급제한 후, 10여 년간 사간원 정언, 성균관 사성, 홍문관 교리 등의 벼슬에 임한다.

명종 1년(1545)에 '을사사화'가 일어나자 병약을 구실로 모든 관직을 스스로 사직한다.

46세 때 낙동강 상류 토계에 '양진암'을 짓고 학문을 하며 구도생활을 한다.

48세 때 계속되는 임금의 부름을 거듭 사양하다가 할 수 없이 충청도 단양군수로 부임한다. 군수로 부임한 지 얼마 되지 않아 넷째 형 이해가 충청감사로 임명받아 부임하자 형과 함께 같은 도에서 녹을 먹을 수 없다고 사양하여 경상도 풍기군수로 자리를 옮긴다.

49세 때 버슬에서 완전히 물러나 토계 서쪽에 '한서암'을 짓고 다시 구도생활을 시작한다. 그곳에 계속 기거하면서 수양, 학문, 저술에 전념하면서 수많은 제자를 양성한다.

70세 때 선조 3년(1570) 12월 8일 평소 사랑하던 매화 화분에 '물을 주라'는 유언을 남기고 침상을 깨끗이 정리한 뒤 단정히 앉은 자세로 별세한다.

퇴계는 소나무, 대나무, 국화, 매화 등을 도산서원 동쪽 언덕에 심어 벗으로 삼았다.

퇴계의 매화에 관한 시는 총 107편이나 된다. 퇴계의 시 중에서 단일 소재로는 제일 많다. 그리고 한국, 중국, 일본을 통틀어 매화 시를 가장 많이 쓴 시인으로 평가되고 있다.

퇴계의 평생수양, 평생학문은 부귀공명을 얻기 위한 것이 아니라 조선실천성리학을 확립한 장본인으로서 성리학적 삶을 그 자신이 살고 있는 삶의 현장에서 실천하려는 과정이었다.

그의 구도적 생활과 진리탐구의 자세와 제자양성을 위한 노력은 매화 향기처럼 스스로 세상을 아름답게 하는 꽃향기가 되어 온 누리에 퍼져 나갔다.

퇴계의 학문이 일본과 중국으로

임진왜란 때 선비의 피랍, 기술자의 피랍, 서적의 전파 등으로 조선의 학문, 기술, 문화, 교육 등은 대대적으로 일본으로 건너간다.

특히 서적의 전파로 퇴계의 학문은 일본 지식인들에게 가장 큰 주제가 되어 많은 영향을 끼친다.

당시 일본에 큰 영향을 끼친 선비와 서적:

학봉 김성일, 수은 강항 → 후지와라 세이카

퇴계의 『천명도설』, 『주자서절요』 20권 등 → 하야시 라잔

퇴계의 『자성록』, 『성학십도』 등 → 야마자키 안사이

(안사이는 이렇게 말했다. "주자는 공자이래 제1인자요, 퇴계는 주자이래 제1인자다.")

퇴계의 '경(敬)' 철학은 도쿠가와 이에야스의 '에도막부'에 의해 일본 정부의 관학으로 정착한다.

그의 오륜(五倫: 부자유친, 군신유의, 부부유별, 장유유서, 붕우유신)철학과 오상(五常: 인, 의, 예, 지, 신)철학은 일본으로 건너가서 그때까지 사람 죽이는 것밖에 모르고 있었던 향사(鄕士: 사무라이)들에게 깨우침을 주어 무사도 정신을 확립하게 만든다.

조선의 세계적 성리학자 퇴계 등이 완성한 '조선실천성리학'과 '선비정신'은 일본으로 수출되어 일본을 문화국가로 개조시킨다.

퇴계의 '경' 철학은 에도막부 말기에 존황, 우국, 애국정신으로 승화되어 메이지 유신 성공의 원동력으로 활용된다.

일본의 메이지 유신 근대정부는 퇴계의 '경' 철학을 바탕으로 일본 국민성을 예의범절을 존중하는 국민으로 개조시킨다.

중국 근대철학의 원조인 양계초, 여원홍 등은 퇴계의 『성학십도』를 연구하여 높이 숭상하고, 중국은 『성학십도』를 모든 지도자가 실천해야 한다고 주장했다.

청나라 말기의 중국은 퇴계의 '성학(聖學)'을 고등교육에 폈으며 퇴계의 '십도(十圖)'를 중국 국보 1호로 칭하여 온 나라에 보급하기에 이른다.

20세기 세계의 철학계는 퇴계의 '경' 철학 사상을 위기극복의 영약(靈藥)이라고 진단한다.(하버드 대학 뚜 웨이메이 교수 등)

퇴계가 말한 제자양성을 위한 교육목표는 아래와 같다.

"교육을 통해 선인다(善人多)하여 개인과 공동체의 도덕을 회복시키는 일이 최우선의 일이다."

세계에서 가장 아름다운 퇴계의 묘비명

퇴계는 죽기 전에 자신의 묘비명을 스스로 지어놓았는데 그 내용은 아래와 같다.

退溪自銘(퇴계자명) 원문

生而大癡 壯而多疾(생이대치 장이다질)

中何嗜學 晚何叨爵(중하기학 만하도작)

學求猶邈 爵辭愈嬰(학구유막 작사유영)

進行之跲 退藏之貞(진행지겁 퇴장지정)

深慙國恩 亶畏聖言(심참국은 단외성언)

有山巋巋 有水源源(유산억억 유수원원)

婆娑初服 脫略衆訕(파사초복 탈약중산)

我思古人 實獲我心(아사고인 실획아심)

寧知來世 不獲今兮(영지래세 부획금혜)

憂中有樂 樂中有憂(우중유락 락중유우)

乘化歸盡 復何求兮(승화귀진 복하구혜)

退溪自銘(퇴계자명) 풀이

나면서 어리석고 자라면서 병도 많아

중간에 어쩌다가 학문을 즐겼는데,

만년에는 어찌하여 벼슬을 받았던고

학문은 구할수록 더욱 멀어지고

벼슬은 마다해도 더욱더 주어졌네.

나아가서는 넘어지고 물러서서는 곧게 감추니

나라 은혜 부끄럽고 성현 말씀 두렵구나.

산은 높고 또 높으며 물은 깊고 또 깊어라.

관복을 벗어버리니 온갖 비방 다 벗었네.

생각건대 옛사람은 내 마음 이미 알겠거늘

뒷날에 오늘 일을 어찌 몰라줄까 보냐.

근심 속에 낙이 있고 낙 속에 근심 있네.

조화 타고 자연으로 돌아가니 무얼 다시 구하랴.

18세기 후기 조선의 여성 선비들

18세기 후기는 조선에서 여성의 전통적 지위가 흔들리고 변화되는 시기로서 여성은 남성보다 열악한 여건과 환경 속에 놓이는 불운을 온몸으로 맞이해야 하는 시기였다.

그럼에도 불구하고 조선 여성들은 전통사회에서 계승되어 온 여성지위를 남성과 동등하게 활용하면서 큰 학문적 성과를 일궈내는 업적을 시현했다.

당시의 대표적 여성 선비는 아래와 같다.

- 임윤지 당(1721~1793)   대표적 성리학자
- 이사주당(1739~1821)   태교관련 교육학자, 『태교신기』 저자
- 서영주각(1753~1823)   수학자
- 이빙허각(1759~1824)   실학자
- 김삼의당(1769~1823)   문학자
- 강정일당(1772~1832)   문학자

원이 엄마와 요절한 남편

원이 엄마의 한글 편지는 1998년 4월 경북 안동시 정상동 일대의 택지 조성 공사 중 이응태의 묘에서 발굴된다.

발굴된 유품은 한글 편지 이외에 부인의 치마, 아이의 저고리 등 수십 벌의 의복, 아버지와 주고받은 9통의 편지, 형이 보낸 2편의 시, 미투리, 장신구 등도 함께 출토되었다.(안동대학 박물관 소장)

이응태(1556~1586)는 1586년 6월 1일 30세의 젊은 나이에 전염병에 걸려 요절한 평민이다.

남편 관 속에 넣어준 아내의 편지 내용

원이 아버지에게

자네 항상 내게 이르되 '우리 둘이 머리가 세도록 살다가 함께 죽자' 하시더니, 어찌하여 나를 두고 자네 먼저 가시는가? 나와 자식은 누구에게 기대어 어찌 살라 하고, 다 버리고 먼저 가시는가? 자네는 나에게 마음을 어떻게 가졌고 나는 자네에게 마음을 어떻게 가졌던가? 함께 누우면 내 언제나 자네에게 이르되 '이 보서! 남들도 우리처럼 서로 어여삐 여기고 사랑할까?' 했거늘, 어찌 그런 일을 생각하지 않고 나를 버리고 먼저 가시는가? 자네 여의고는 아무래도 나는 살 힘이 없네. 빨리 자네한테 가고 싶으니 나를 데려가소. 자네를 향한 마음을 이승에서 잊을 길이 없네. 아무래도 서러운 뜻이 그지없네. 내 마음 어디에 두어야 자식들 데리고 자네를 그리워하며 살아 가겠나? 이 편지 보시고 내 꿈에 와서 자세히 이르소. 내 꿈에 이 편지 보신 말을 자세히 듣고자 하여 이리 써서 넣네. 자세히 보시고 내게 이르소. 자네 내 뱃속의 자식 낳으면 보고 말할 것이 있다 하고서 그리 가버리시니, 뱃속의 자식 낳으면 누굴 아버지라 하라 하시는가? 아무리 한들 내 마음 같을까? 이런 슬픈 일이 하늘아래 또 있을까? 자네는 한갓 그곳에 가 계실 뿐이지만, 아무리 한들 내 마음같이 서러울까? 하고 싶은 말이 끝이 없어 다 못 쓰고 대강만 적네. 이 편지 자세히 보시고 내 꿈에 와 자세히 보여주고 내게 자세히 이르소.

나는 꿈에 자네를 본다고 믿고 있다네. 몰래 와서 보여주소
서. 하고 싶은 말이 끝이 없어 이만 적나이다.
병술 유월 초하룻날 집에서.

남녀 평등시대에 다정다감하게 살았던 평민 부부의 사랑이 녹
아 있는 내용이다.

남편의 호칭을 '자네'라고 한 것은 당시 부부가 서로에게 그렇게
호칭했다는 것을 보여주는 증거이다.

편지 내용을 보면 '원이'라는 첫째 자식이 있으며 부인은 뱃속에
둘째아이를 임신하고 있었음을 알 수 있다.

남편이 자기 아버지와 주고받은 편지(같이 발견된 유품)로 보아 이
응태는 '처가살이'를 하고 있었던 것으로 판명된다.

[참고] '자네'라는 호칭은 조선시대 부부간에 사용된 보편적 호칭
이다. 1576년 23세의 나이로 일찍 세상을 떠난 아내 현풍 곽씨에
게 남편인 안민학(1542~1601 율곡의 추천으로 희릉 참봉이 되었고, 사헌부
감찰. 태인 현감 등을 지냈으며 『풍애집』의 저자)이 부인의 관속에 넣어 준
편지에도 호칭을 '자네' 또는 '그대'라고 쓰고 있다.

아내 관 속에 넣어준 남편의 편지 내용

남편 안민학은 아내 곽씨 영전에 고하네.

나는 임인생(1542)이고 자네는 갑인생(1554)으로 정묘년 열엿 샛날에 혼인하니, 그때 나는 스물다섯 살이고, 자네는 열셋이었네. 나도 아버지 없는 궁한 과부의 자식이요, 자네도 궁한 과부의 자식으로 서로 만나니, 자네는 아이요 나는 어른이었네. 내 뜻이 어려서부터 독실한 선비를 쫓아 배우고자 하고, 자네를 가깝게 하지 못하며, 내가 오활하고 옹졸하여 집안일을 아주 챙기지 못했네.

(중략)

어찌하여 내 몸의 재앙이 쌓였거늘 병든 나는 살고 병 없는 그대는 백년해로할 언약을 저버리고 갑자기 하루아침에 어디로 가신고? 이 말을 이르니 천지가 무궁하고 우주가 공허할 따름이네. 차라리 나도 죽어가서 그대와 넋이나 함께 다녀 이 언약을 이루고 싶네. 홀어머니 걱정되어 우는 것도 마음대로 못 하니 내 서러운 뜻 어찌 이를까?

(중략)

그대 임종 때의 말을 쫓아 파주에 장사 지내려 하니, 나는 그곳에 가기 어려울 것이네. 내 곧 홍주로 가면 술나미(아들 이름)가 어버이를 제 각각 묻는 것이어서 우리는 죽어서나 한데 갈까? 병든 내가 이리 망극한 주검을 보고 얼마나 오래되어서야 죽을꼬. 죽지 않거든 꿈에나 자주 보이고 서러운 뜻 이르소. 그대 어머님을 향해 그대 맡기고 조금이라도 마음 덜까? 다른 자식들을 기르면 자네 생각을 아니 할까? 잊고 가셨음이 망망하고 서럽고 그리운 정이야 평생을 잇는다 해도 끝이 있을까? 이제 처리하는 일만 하네. 이젠 말도 가득 차서 없으니 자세히 보소. 승지 아주버님과 정녕 아주버님께서 많이 도와주셨네. 벗들도 진정으로 돌아보네. 말을 여기서 그치고 길고 서럽게 우는 것을 그치고자 하네.

병자년 오월 초열흘날에 입관 때 넣네.

아내의 죽음을 슬퍼하여 바친 남편의 시

이광사(1705~1777)가 죽은 부인에게 바침.

이광사는 영조 31년(1755) 나주 괘서 사건으로 백부 이진유의 역모죄에 연좌되어 극형에 처해질 뻔했으나 간신히 사형을 면하고 유배되었는데, 남편이 극형에 처해질 것이라는 소식을 접하자 부인이 들보에 목을 매고 자결하였으므로 이를 슬퍼하여 지은 시다.

이 몸이 죽어 뼈가 재 된다 해도
이 한이야 정녕 풀리지 않으리
이 목숨이 백 번 태어났다 죽는다 해도
이 한이야 응당 오랫동안 풀리지 않으리
수미산이 작은 개밋둑이 된다 한들

황하수가 가는 물방울이 된다 한들

천 번이나 고불(古佛)을 땅에 묻은들

만 번이나 상선(上仙)을 묻는다 한들

천지가 요동쳐서 나무통 된다 한들

해와 달이 어두워 연기 같아진들

이 한은 맺히고 또 맺혀

오랠수록 더욱 굳어지리.

그 번뇌는 부술 수 없으리니

금강석인들 뚫을 수 있으랴

감춰두면 응어리가 되고

말로 하면 온 세상에 가득하리라

내 한이 이와 같으니

그대 한도 응당 그러하리

이 두 한이 길이 흩어지지 않는다면

반드시 만날 인연 있고 말고.

남편의 죽음을 슬퍼하여 바친 아내의 시

이빙허각(1759~1824)은 남편이 별세하자 식음을 전폐하고 자리에 누워만 있다가 죽기 전에 '절명사(絶命辭)' 한 수를 남기고 남편을 따라 저세상으로 떠났다.(저술로는 『빙허각 시집』, 『규합총서』 8권, 『청규박물지』 5권 등이 있다)

이빙허각의 부부관은 "부부란 나를 알아주는 친구 즉 지우(知友)이자, 어느 한쪽으로 기울지 않고 서로 키워주는 인생의 동료(同僚)이자, 학문적 동지(同志)다."

'절명사' 내용

사는 것은 취한 것이요 죽는 것은 꿈이리니

살고 죽는 것은 본디 참이 아니라네

부모에게 받은 목숨을 어찌하여 티끌처럼 여기겠나

태산과 홍해처럼 베풀고 서로 의를 따라 살았네

우리 혼인 때의 사랑을 생각하니

세상 그 어떤 것도 비할 바가 없었네

평생 짝을 이뤄 아름다운 부부의 연을 맺은 지 50년이라네

내가 받은 사랑의 기쁨을 잊을 수가 없으니

지기(知己)의 은혜에 보답해야만 하리

이제 죽을 자리 얻었으니

일편단심 신에게서 질정 받으리

나 죽어 지우(知友)에게 사례하리니

어찌 내 몸을 온전케 하리오

아내의 무덤 앞에 남편이 바치는 회포의 시

심노승(1762~1837)은 31세 때 아내를 잃고 55세 때 논산 현감으로 부임해 가면서 임지로 떠나가기 전에 아내의 묘를 방문하여 시를 바친다.

슬프고 애통하도다

녹이 있어도 그대를 봉양할 수 없도다

녹을 얻든 못 얻든 부끄러워 이마에 땀이 나네

아직 무슨 생각이 남았을까 그대가 자꾸 떠오르곤 하니

인정은 정말 잊히지 않는가 보오

그대 죽은 뒤로 내 한없이 슬퍼하기만 했구려

이제 노년에야 고을 현감이 되니

그 작기가 콩알만 하다오

이제와서 부귀영화를 누린들 무슨 즐거움이 있겠소

부리는 종들이나 손님이나 벗들에 이르기까지

나를 따라온 자는 모두 예전의 사람들이 아니라오

(중략)

이제 부임지로 떠나면

오래도록 그대 무덤을 비워 두겠기에

회포를 금치 못하겠구려

간단히 고하는 바이니 제발 살펴시구려

심노승은 아내를 여의자 시도 때도 없이 눈물을 흘리며 자신의 감정을 거침없이 표현한 선비다. 그는 흐르는 눈물은 어떻게 해서 나오는 것인지 그 근원을 파헤쳐 보고자 눈물에 대한 자신의 생각을 글로 남겼다. 이름하여 '눈물의 근원'이다.

눈물의 근원
눈물은 눈에 있나
아니면 마음에 있나
눈에 있다고 하면 마치 물이 웅덩이에 고여 있는 듯한 것인가
마음에 있다면 마치 피가 맥을 타고 다니는 것과 같은 것인가
눈에 있지 않다면
눈물이 나오는 것은
다른 신체 부위와는 무관하게
오직 눈만이 주관하니
눈에 있지 않다고 할 수 있는가
만약 마치 오줌이 방광으로부터 그곳으로 나오는 것처럼
눈물이 마음으로부터 눈으로 나온다면
저것은 다 같은 물의 유로써
아래로 흐르는 성질을 잃지 않고 있으되
왜 유독 눈물만은 그렇지 않은가
마음은 아래에 있고 눈은 위에 있는데
어찌 물인데도 아래로부터 위로 가는 이치가 있단 말인가

한 번은 이렇게 생각해 본다

마음은 비유하자면 땅이고 눈은 구름이다

눈물은 그 사이에 있으니 비유하자면 비와 같다

비는 구름에 있지도 않고 땅에 있지도 않다

비가 구름에서 생기고 땅은 관여하지 않다고 하면

비는 어째서 하늘로부터 내린단 말인가

이는 기(氣)의 감음에 불과할 따름일진대

눈물은 마음으로부터 나오고 또 눈으로부터 나온 것이다

(하략)

김삼의당이 남편에게 보낸 편지

김삼의당(1769~1823)은 전라도 남원 출생이다. 여성의 창작행위가 금기시된 조선 말기임에도 꾸준히 독서하며 시문을 지은 여성 선비이다. '삼의당집'에는 시 253편, 서간 6편, 서 7편, 제문 3편, 잡록 6편이 수록되어 있다. 양적으로 보면 조선시대 여성 중 가장 많은 작품을 남긴 여성이다.

김삼의당은 18세 때 생년월일이 같은 한동네에 사는 담락당 하욱과 혼인한다.

남편이 향시에 합격한 후 대과(과거시험)를 보기 위해 한양으로 올라갈 때 잔치를 베풀어 준 자리에서 권주가를 지어 바친다.

김삼의당이 남편에게 바친 권주가 내용

그대에게 술을 권하오

그대에게 권하오니 사양치 마시오

유령 이백도 다 무덤의 흙이 되었으니

한 잔 또 한 잔 권할 이 뉘리오.

그대에게 술을 권하오

그대에게 권하니 술을 드시오

인생의 즐거움이 얼마나 되리오

나 그대 위해 칼춤을 추리다.

그대에게 술을 권하오

그대에게 권하니 실컷 취하오

부질없는 주안상 머리의 돈은 원치 않소

오래도록 마주 앉아 술 들기를 원하오.

김삼의당이 과거에 낙방한 남편에게 보낸 편지

심부름하는 아이를 시켜 과거 시험장의 소식을 물어보게 했
더니, 당신이 이번에도 또 낙방한 것을 알았습니다. 당신도 고
생이 많았겠지요. 나는 앞으로도 힘껏 뒷바라지하겠습니다.
작년에는 머리카락을 잘라 양식을 마련했고, 올봄에는 비녀
를 팔아 여비를 마련했습니다. 내 몸의 장신구들이 다 없어진

다 한들 당신의 과거 공부에 드는 비용을 어찌 모자라게 할 수 있겠습니까? 듣자 하니 가을에 또 경시(국가의 경사가 있을 때 보는 임시과거)가 있다 하니 내려오지 못하겠지요. 마침 소식을 전할 일이 있어 편지를 써서 웃옷과 함께 보냅니다.

김삼의당과 그녀의 남편 하욱은 나이가 동갑인 데다 같은 달 같은 날에 태어났다. 둘은 첫날밤에 아래와 같이 서로 시를 주고받으며 은근슬쩍 서로에게 당부하는 멋을 부린다.

신랑이 신부에게
열여덟 새신랑 열여덟 새색시
동방 화촉 밝히니 좋고도 좋은 인연
같은 해와 달과 날에 태어나고 살기도 같은 동네
이 밤의 우리 만남 어찌 우연이리
부부의 만남에서 백성이 생겨나고
군자도 여기에서 시작된다 하오
공경하고 순종함이 아내의 도리
몸이 다하도록 낭군의 뜻 어기지 말기를

신부가 신랑에게

우리 둘이 만났으니 광한루 신선

이 밤의 만남은 옛 인연을 이음이라

배필은 본디 하늘의 정함이니

세상의 중매란 다 부질없어라

부부의 도리는 인륜의 시작이니

온갖 복이 여기에서 비롯된다오

『시경』의 '도요'편을 다시금 살펴보니

집안의 화목함이 그대 손에 달렸소

강정일당이 남편 윤광연에게 보낸 편지

강정일당(1772~1832)은 진주 강씨로 강희맹의 후손이다. 나이 20세 때 충주의 선비 윤동엽의 아들 14세 윤광연과 혼인한다. 신랑은 6세 연하이다. 두 집안은 몰락한 양반가문으로 살림이 어려웠다. 강정일당은 삯바느질을 하고 윤광연은 서당을 열어 조금씩 조금씩 얼마간의 재산을 모아 말년에는 경제적으로 여유를 갖는 삶을 살았다

강정일당은 61세에 병사한다. 부인의 사후에 남편이 부인을 위해 '정일당 문집'을 간행한다. 정일당 유고에는 시 38편, 서간문 7편, 쪽지편지 82편, 서간별지 2편, 기문 3편, 제발 2편, 묘지명 3

편, 행장 3편, 제문 3편, 명문 5편, 잡저 2편이 수록되어 있다.

강정일당의 시

나이 서른에 공부를 시작하니

학문의 방향을 종잡을 수 없네

이제부터라도 모름지기 노력하면

아마도 옛 성인과 같아지지 않으리.

강정일당은 마음속으로 영·정조 때 여성 성리학자 임윤지당을 사숙한 영향으로 그의 시는 애정, 이별, 연모 등을 노래한 감성적 작품은 별로 없고 심성, 수양, 학문, 도덕적 훈계, 안빈낙도 등 성리학적 문제에 집중되어 있는 것이 특징이다.

강정일당이 남편에게 준 쪽지 내용

1. 저는 일개 부인으로서 몸이 규방에 갇혀 있어 듣는 것도 아는 것도 없습니다. 그래도 바느질하고 빨래하는 틈틈이 옛 경전을 읽으며 그 이치를 궁리하고 실천하여 성현들의 경지에 다가서려 하고 있습니다. 하물며 당신은 대장부로서 뜻을 세워 학문하면서 스승을 모시고 좋은 벗들과 사귀고 있으니 부지런히 노력하여 앞으로 나아간다면 무엇을 배우든지 능하지 못하겠으며 무엇을 강론하든지 뜻을 밝히지 못하겠으며 무엇을 실천하든지 이루지 못하겠습니까?

인의를 실천하고 온당하고 바른 마음을 세우고 성현을 배운다면 누가 그것을 막을 수 있겠습니까?

성현도 대장부이고 당신도 대장부입니다. 무엇이 두려워서 하지 못하겠습니까? 부디 바라옵건대 날마다 덕을 새롭게 하고 반드시 성현이 되기를 기약하소서.

2. 이제 시원한 바람이 부니 바야흐로 독서에 매진할 때입니다. 바라옵건대 손님을 접대하고 일을 보는 등 부득이한 경우를 제외하고는 정신을 집중하여 독서하소서. 나도 역시 바느질하고 음식을 장만하는 여가에 밤이 늦어 잠들 때까지 독서하며 연구할 계획입니다.

저번에 사서(四書)를 읽었으나 『맹자』의 뒷부분 세 편은 아직 읽지 못했습니다. 그러나 머지않아 끝낼 것입니다. 올해 겨울부터 당신과 함께 『주역』을 강론하고 싶지만 손님들이 오래 머물게 되면 할 수가 없습니다. 가까운 시일 내에 김현이란 분께 가서 『서경』을 배우며 『시경대전』과 『서경대전』을 빌려 오기 바랍니다.

홍직필이란 분이 당신에게 시를 보내왔는데 거기에 이런 구절이 있어 사람을 놀라게 했습니다. '단경(丹經)을 깨우치지도 못했는데 머리는 백발이 되니 백 년을 헛된 대장부 노릇했네.' 당신도 더욱 힘써서 덕을 닦고 학문에 정진하기 바랍니다.

3. 평민의 자제 중에서 뛰어난 아이들은 중국 고대의 하·은·주 시대에도 버리지 않았습니다. 지금 서당에서 노귀란 아이는 자상하고 명민하며, 이암이란 아이는 돈독하고 후덕하며, 유철이란 아이는 효성스럽고 신중하니 모두 가르칠 만합니다. 미천하다고 하여 소홀히 하지 말기를 바랍니다.

4. 군자는 예가 아닌 것을 말하지 않는 법입니다. 괴이한 현상이나 현란한 귀신에 대해서는 공자님도 말씀하시지 않았습니다. 근래에 보건대 서당 아이들이 이해득실이나 이야기하고 귀신 등 괴담을 이야기하면서 부질없이 세월을 보내고 있습니다. 왜 엄하게 꾸짖어 바르게 공부하도록 하지 않습니까?

5. 『주역』에서 음식을 절제하라고 했으니 술은 음식 중에서도 매우 중요한 것입니다. 당신은 술을 절제하여 덕을 쌓기 바랍니다. 조금 전에는 무슨 일로 학동들을 심히 꾸짖었나요? 과중한 책망이 아닌지요? 안색이나 언어는 군자가 더욱 마땅히 수양해야 하는 것입니다. 『시경』에서 말하기를 '남에게 따뜻하고 공손함이여! 아 덕성의 바탕이라네!'라고 했습니다. 당신이 남을 꾸짖을 때는 자못 온화한 기운이 없으므로 감히 아룁니다.

6. 방금 들으니 당신이 남을 책망할 때는 노여움이 지나치다 하니 이것은 중도(中道)가 아닙니다. 이렇게 해서 남을 바로잡는다 하더라도 자신이 먼저 바르지 않으니 과연 옳은 일이겠습니까? 깊이 생각하시기 바랍니다.

7. 옛날 문중(門中)의 의복은 검소하면서도 깨끗했습니다. 지금 당신의 의복은 검소하기는 하나 깨끗하지는 못합니다. 검소한 것은 당신의 덕이지만 더러워졌는데도 빨지 못하고 뜯어진 것을 제때에 깁지 못한 것은 나의 잘못입니다. 삼가 잿물로 씻고 바느질하여 드리겠습니다.

8. 낮잠은 기를 혼탁하게 하고 뜻을 해이하게 하며, 말을 많이 하면 원망과 비방이 생기게 마련입니다. 술을 과음하게 되면 성품과 덕을 손상시키게 되고, 흡연을 많이 하게 되면 정신을 손상하고 거만함을 기르게 됩니다. 모두 다 경계해야 할 것들입니다.

강정일당은 남편의 친구 이관하의 부친 회갑연에 남편 이름으로 대신하여 시를 지어 바치기도 했다.

회갑연에 바친 시의 내용

북산 아래에서 덕을 기르시니

광채를 숨겨도 덕은 높아지네

학 울음처럼 맑고 화평한 자제들

대나무 그림자처럼 푸르고 생동한 손자들

바야흐로 회갑을 맞으시니

손님과 친구들이 함께 잔을 올리네

남은 복이 아직 다하지 않으니

부귀영화가 아직 문밖에서 기다리네

강정일당이 병사하자 남편 유광연은 아내의 사후 아내의 뛰어
남을 널리 세상에 알리고 싶어 아내의 글을 모으고 또 문사들을
찾아가서 아내에 대한 글을 받아내어 '정일당 유고문집'을 간행하
였다. 그리고 아래와 같은 추모사를 직접 써서 바쳤다.

아내에게 바친 추모사 내용

생로병사는 이치에 마땅한 것이요,

가난하고 궁핍한 것은 선비의 본분이외다.

그대 살아생전에 가난과 궁핍의 연속이었으나

내 그것 때문에 슬퍼하지 않소.

다만 나의 스승이 죽었으니

앞으로 의심나는 것이 있을 때

누구에게 물을 것이며 누가 그것을 도와주겠는가?

내게 잘못이 있을 때 누가 그것을 바로잡아 주겠는가?

내게 허물이 있을 때 누가 그것을 훈계해 주겠는가?

지극히 타당하고 올바른 논의와 그대의 오묘한 뜻을 어디서

듣겠는가?

심신을 수양하고 품성을 닦는 방도를 어디서 배우겠는가?

이제 부인이 나를 두고 떠나니

마치 닻을 잃은 배와 같고 길잡이 없는 장님과 같도다.

이것이 내가 심히 슬퍼하는 이유로다.

부인은 어깨너머로 글을 배우고

삯바느질과 살림하는 틈틈이 공부했지만

유교의 경전을 두루 통달하고

실천하기를 주저하지 않았으니

부인이야말로 진정한 군자요, 도학자요, 문사이었도다.

추사 김정희의 한글 편지

추사 김정희는 정조 10년(1786) 6월 3일 충청도 예산 출생이다. 그는 조선 최고 수준의 시서화 대가이다. 그리고 그의 고증학과 금석학은 이웃 나라 청나라 지식인들로부터 최고 수준이라는 평가를 들었다. 그는 어려서부터 총명하여 실학자 박제가의 제자로 들어가 수학하였고 24세 때 아버지 김노경이 동지부사로 청나라

에 갈 때 수행하여 6개월 동안 청나라에 머물며 옹방강, 완원으로부터 고증학과 금석학을 배우고 돌아왔다. 귀국 후에는 비문을 연구하기 위해 조선팔도를 답사했다.

순조 19년(1819) 34세 때 과거에 급제하여 암행어사, 병조참판, 성균관 대사성, 이조참판 등의 벼슬을 역임하다가 헌종 6년(1840) '윤상도 옥사사건'에 연루되어 제주도에 유배되어 9년간(1840~1848) 유배생활을 했다.

철종 2년(1851)에 또 유배되어 함경도 북청에서 2년간 유배생활을 한다. 이후 부친의 묘소가 있는 과천에 은거하며 후학을 가르치다가 철종 7년(1856) 71세로 별세한다.

김정희는 15세 때 한산 이씨와 혼인했으며 5년 만에 상처를 하고 23세 때 예안 이씨와 재혼한다. 부인 이씨와는 제주도로 귀양 갈 때까지 30여 년 동안 금실 좋은 부부로 동고동락했다.

한양 본가에서 대구 감영에 가 있는 아내에게 보낸 추사 편지 내용

지난번 인편에 적은 글을 보니 든든하오며 그사이에 몸 편안하시고 아버님의 순회 행차는 안녕히 돌아와 계시옵니까? 엎드려 생각하는 마음 끝이 없사오며 나는 대체로 편안하오나 부인이 근심하고 어지러운 일 많으니 답답하옵니다. 내행이 곧 올 것이니 어떻게 잘 준비하여 오시옵소서.

우습습니다. 평동에서는 동지사의 서장관이 되어 중국으로 떠나는 바람에 누님이 애를 퍽 쓰셨나 봅니다. 대체로 다른

일은 없사오니 다행이옵니다. 이만 그치옵니다.

1818년 9월 26일 김정희

추사 김정희의 당시 편지를 보면 19세기 초, 가부장적 제도가 조선에 상당히 정착되었을 시기인데도 아내에게 쓴 편지에 극 존칭어를 사용하고 있는 점으로 봐서 조선 지식인들의 부부 사랑은 남녀평등정신이 밑바탕으로 되어 있으며 오히려 여권 상위시대의 전통 풍조가 상당히 남아 있었음을 충분히 감지할 수 있다. 또한 남편이 소소한 집안일을 걱정하는 모습도 인상적이고 왜 답장을 보내지 않았느냐며 섭섭해 하고 한결같이 아내 생각만 하면서 지냈노라고 어리광을 부리는 듯한 표현도 재미있다.

추사 김정희가 아내에게 보낸 한글 편지는 모두 40여 통이 넘는다. 그중에는 다음과 같은 내용의 편지도 있다.

지난번 길을 가던 도중에 보낸 편지는 보셨는지요? 그사이에 인편이 있었는데 보내지 않으니 부끄러워서 아니한 것이옵니까? 나는 마음이 심히 섭섭하옵니다. 그동안 한결같이 생각하며 지냈으니 계속 편안히 지내시고 대체로 별일 없으시며 숙식과 범절을 착실히 하옵소서. 사랑채에 동네 청지기들이 떠나지 않고 있다 하니 한결같이 마음이 놓이지 아니하오며 나는 오래간만에 아버님 모시고 지내니 마음이 든든하고 기쁜 것을 어찌 다 적겠습니까? 그 길에 천리를 돌아다니며 험한 길을 무수히 겪었고 14일에 돌아왔으니 3일이지만 몹시 피곤하여 견디지 못하겠습니다. 오늘 저녁이 제사인데 형님께서 멀리 나오시고 뒷집의 진사나 들어와 지내게 되는지 이리 염려되옵니다. 내행은 이틀 후에 떠날 텐데 큰 아주머님과 둘째 형수님은 올라가시고 막내 형수님은 아직 계시고 말이 돌아올 때 거기서 내려오시게 하겠습니다. 나는 내행이 올라갈 때 함께 가려 하오니 시사에나 맞춰 들어갈 듯하옵니다. 그사이에 짐이나 마저 준비해 두게 하옵소서. 초 6일쯤 떠나오게 하겠으니 미리 준비하게 하옵소서. 아무래도 집안일이 말이 아니어서 이리 답답합니다. 하지만 얼마 동안이겠지요. 올해는 집안일이 있어도 편지로만 하고 걱정을 많이 했지만 그것도 다 뜻대로 되지 않으니 도리어 웃고 심란한 일이 많아 답답할 뿐이옵니다. 내 저고리는 상인이 편에 부치지 않고 언제 보내려 하옵니까? 답답도 하옵니다. 평동은 그사이 어떠합니까? 염려가 끝이 없고 반도의 누이님은 들어와 계십니까? 어디서 온 편지인지 모르나 볼만하기에 보내오니 보시고 잘 감춰 두옵소서. 심히 걱정되어 이만 적습니다.

무인년(1818) 2월 13일 남편이 올립니다.

추사 김정희의 두 번째 부인 예안 이씨가 별세하자 김정희는 아래와 같은 애서문(哀逝文)을 써서 바친다.

부인에게 바치는 애서문 내용

아아, 나는 형틀이 앞에 있고 유배지로 갈 때 큰 바다가 뒤를 따를 적에도 일찍이 내 마음이 이렇게 흔들린 적이 없었습니다. 그런데 지금 부인의 상을 당해서는 놀라고 울렁거리고 얼이 빠지고 혼이 달아나서 아무리 마음을 붙들어 매려 해도 그럴 수가 없으니 이 어인 까닭인지요.

아아, 무릇 사람이 다 죽어 갈망정 유독 부인만은 죽지 말았어야 했습니다. 죽지 말았어야 할 사람이 죽었기에 이토록 지극한 슬픔을 머금고 더 없는 원한을 품게 된 것입니다. 그래서 장차 뿜으면 무지개가 되고, 맺히면 우박이 되어 족히 공자의 마음이라도 뒤흔들 수 있게 되었습니다.

아아, 30년 동안 부인의 효와 덕은 온 집안이 칭찬했을 뿐 아니라 벗들과 남들까지도 다 칭송하지 않은 자가 없었습니다. 허나 부인은 이를 사람의 도리로 당연한 일이라 하며 즐겨 듣지 않으려 했습니다. 내가 그것을 어찌 잊을 수가 있겠습니까?

예전에 내가 희롱조로 말하기를 '부인이 만약 죽는다면 내가 먼저 죽는 게 도리어 낫지 않겠습니까'라고 말했더니 부인은 크게 놀라 곧장 귀를 가리고 멀리 달아나서 결코 들으려 하지 않았습니다. 이는 진실로 세속의 부녀들이 꺼리는 바이나 그 실상은 이와 같이 되는 경우도 많았으니 내 말이 다 희롱에서만 나온 것은 아니었습니다. 지금 끝내 부인이 먼저 죽고 말았으니 먼저 죽는 것이 무엇이 유쾌하고 만족스러워서 나로 하여금 두 눈만 빤히 뜨고 홀로 살게 한단 말입니까?

저 푸른 바다 저 높은 하늘과 같이 나의 한은 다함이 없을 따름입니다.

1842년 죽은 아내를 슬퍼하여 영전에 고함.

철종 7년(1856) 추사 김정희는 71세로 별세한다. 『철종실록』 7년 10월 10일 편에는 다음과 같은 추사의 졸기가 기록되어 있다.

전 참판 김정희가 죽었다. 김정희는 이조판서 김노경의 아들로 총명하고 기억력이 투철하여 여러 책을 널리 읽었으며 금석문과 그림 역사에 깊이 통달했고 초서와 해서 전서와 예서에서 참다운 경지를 깨달았다. 때로 거침없이 행동하기도 했으나 사람들이 시비하지 못했다.

어려서부터 영특하여 이름을 드날렸으나 중간에 가화를 만나 남쪽으로 귀양 가고 북쪽으로 유배 가서 온갖 풍상을 다 겪었으며 혹은 세상에 쓰임을 당하고 혹은 버림을 받으며 나아가기도 하고 물러나기도 했으니 그를 송나라 소동파에 비교하기도 했다.

부부란 무엇인가?

사전적 정의로 보면 부부란 결혼한 남녀, 즉 남편과 아내를 말한다.

철학적 정의로 말하면 부부란 둘이면서 하나인 남녀 결합체를 말한다.

부부란 인생길의 배필이며 같은 방향을 바라보는 동반자이다.

부부란 인간이 삶을 영위함에 있어서 인생을 슬기롭고 행복하게 만들어 나가기 위한 균형 잡힌 삶의 최소단위이다.

조선 선비의 '부부 사랑법'이 보여주는 사례를 보면 다음과 같은 공통점을 발견할 수 있다.

조선시대의 부부란?

① 서로 배려하고 존중하는 사이이다.

② 서로 의사소통을 매우 중요시한 사이이다.

③ 서로 적극적으로 사랑을 표현하여 다정다감한 부부생활을 한 사이이다.

④ 서로 가장 좋은 벗이 되어 주고 인생의 동반자가 되어 주고 때로는 학문적 스승이 되어 준 사이이다.

⑤ 서로 상대방을 보듬어주고 모자람을 메워주고 부족한 점을 키워주고 좋은 점을 격려해주며 함께 성장한 사이이다.